Das Buch

Nach dem großen Bestseller *Männerkrankheiten* betrachtet Hanna Dietz nun die charmanten kleinen Angewohnheiten, die das weibliche Geschlecht so liebenswert machen: Verbale Inkontinenz, Bauchspecktarnarm, Selbstzerfleischung oder Liebeskummerinduzierte Exzessberechtigung. Aber natürlich weiß Frau sich zu helfen und das Beste aus ihren Macken zu machen, denn dank des Subtext-Entschlüsselungswahns versteht sie noch jede versteckte Botschaft. Hanna Dietz beschreibt die Besonderheiten der Spezies Frau mit einem Augenzwinkern, viel Wärme und großartiger Komik.

Die Autorin

Hanna Dietz, geboren 1969 in Bonn, arbeitet als freie Journalistin für Fernsehen und Hörfunk. Als Frau kennt sie sich nicht nur mit Männerleiden, sondern auch mit ihrem eigenen Geschlecht hervorragend aus.

Von Hanna Dietz ist in unserem Hause
außerdem erschienen:

Männerkrankheiten

Hanna Dietz

WEIBER-
WAHNSINN

Schuhtick, Handtaschenzwang,
Tränendrüsenüberfunktion
und weitere Besonderheiten der Spezies Frau

Ullstein

Besuchen Sie uns im Internet:
www.ullstein-taschenbuch.de

MIX
Papier aus verantwortungsvollen Quellen
FSC® C083411
FSC
www.fsc.org

Originalausgabe im Ullstein Taschenbuch
1. Auflage August 2013

Umschlaggestaltung: ZERO Werbeagentur, München
Titelabbildung: © FinePic®, München
Alle im Text verwendeten Abbildungen außer auf S. 260
© Shutterstock/Abbildung auf S. 260 © Stefanie Gemünd
Satz: KompetenzCenter, Mönchengladbach
Gesetzt aus der Fairfield LH
Papier: Pamo Super von Arctic Paper Mochenwangen GmbH
Druck und Bindearbeiten: CPI – Clausen und Bosse, Leck
Printed in Germany
ISBN 978-3-548-37487-1

Für meine Mutter in Liebe und großer Bewunderung für ihre Weisheit, bei all der Arbeit immer schon den Wert von Pausen erkannt zu haben, und für ihre herausragende Fähigkeit, auch in schwierigen Zeiten das Leben zu genießen.

EINLEITUNG

Wir Frauen sind genial.

Wir können Multitasking wie kein zweites Geschlecht. Wir können zum Beispiel gleichzeitig fabelhaft und total beknackt sein. Das Beknackteste ist, dass wir zwar genau über unsere Fabelhaftigkeit Bescheid wissen, wir sie uns aber trotzdem immer wieder bestätigen lassen müssen. Während bei Männern die *Unabhängigkeit von anderer Leute Meinung* Teil der genetischen Ausstattung ist, brauchen wir Frauen andauernd Anerkennung und Bestätigung. Deswegen vergleichen wir uns auch unablässig mit unseren Mitmenschen. Mit fatalen Folgen! Wenn die Nachbarin sich das Rauchen abgewöhnt hat und wir immer noch am Glimmstängel hängen, fühlen wir uns schlecht. Isst die Kollegin jedes Mal nur *einen* Riegel Schokolade, fühlen wir uns schwach. Und wenn die beste Freundin nach achtzehn Ehejahren jeden Tag interessante Gespräche führt – mit ihrem eigenen Mann! –, fragen wir uns ernsthaft: Was stimmt nicht mit uns?

Diese Frage ist mehr als berechtigt.

Denn natürlich werden wir nicht dicker davon, dass jemand anders dünner ist.

Wir haben auch nicht weniger Sex, nur weil jemand anders viel Sex hat (oder es zumindest behauptet).

Wir sind nicht automatisch unglücklicher, weil jemand anders glücklich ist.

Aber es fühlt sich verdammt noch mal so an.

Die gute Nachricht ist: Das geht jeder Frau so! Und nichts ist doch beruhigender als das Wissen, dass sich in anderen weiblichen Gehirnen ebenso wahnsinnige Dinge abspielen. Dass in ihren Köpfen auch eine To-do-Liste in Endlosschleife rattert, und sie sich für den kleinsten Fehltritt gedanklich selbst zerfleischen. Dass sie auch unter Honorarverhandlungsschwäche und Komplimenteunverträglichkeit leiden. Dass sie nur deswegen Salat bestellen, weil alle Freundinnen Salat bestellen. Dass auch sie ihr Gewicht insgeheim mit manuellen Bauchspeckmessungen kontrollieren, bei der Auswahl eines Joghurts einen Entscheidungskrampf durchstehen und im Nachhinein noch jede ihrer Entscheidungen in Frage stellen. Dass sie eine Schlagfertigkeitsladehemmung blockiert, so dass ihnen erst Stunden später die richtige Antwort auf die schnippische Bemerkung der Bäckereifachverkäuferin einfällt. Dass sie dagegen bei anderer Gelegenheit unter verbaler Inkontinenz leiden und sich um Kopf und Kragen reden, nur um sich hinterher mit Selbstvorwürfen zu martern, warum um alles in der Welt sie dem neuen Kollegen ihre Eheprobleme verraten haben.

Wenn es aber anderen Frauen genauso geht wie uns, fühlen wir uns doch gleich besser. Und überhaupt nicht mehr beknackt, sondern total normal. Und deswegen hier ein Buch voller Macken, von denen wir nicht wussten, dass die anderen sie auch haben. Hier sind sie – die verborgenen Ticks, die geheimen Absonderlichkeiten, seltsamen Angewohnheiten und all die anderen Special Effects, die uns erst zu dem machen, was wir sind: einfach fabelhafte Frauen.

Ablehnungsangst, die

Jeder will gemocht werden, aber viele Frauen haben regelrecht Angst davor, dass irgendjemand sie nicht mag. Kollegen, Nachbarn, die bucklige Verwandtschaft, ehemalige Schulkameraden, andere Mütter von Kindergartenkindern, Verkäufer, Kunden, Passanten, Paketboten, Staubsaugervertreter oder sonstige dahergelaufene Leute – egal: Wer unter Ablehnungsangst leidet, möchte sich mit allen gut verstehen.

Diese Angst führt dazu, dass Betroffene

a) jeden Konflikt meiden,
b) zu allem ja und amen sagen,
c) ungeliebte Jobs übernehmen,
d) völlig unnötig Diät machen,
e) nie laut reden, um nur ja nicht aufzufallen,
f) auf eine eigene Meinung verzichten,
g) sich Nasen, Brüste und Lippen operieren lassen,
h) unnützes Zeug kaufen.

Natürlich sollte es niemandem egal sein, wie er ankommt. Aber es können einen nicht alle mögen. Das schafft selbst der Dalai Lama nicht: Den Chinesen ist und bleibt er ein Dorn im Auge. Das Ziel, von allen gemocht zu werden, ist also unerreichbar und völlig utopisch. Diese Tatsache zu verinnerlichen kann schon eine sehr befreiende Wirkung haben. Wenn man zum Beispiel mal wieder der schnippischen Kollegin in der Teeküche begegnet, die sich immer eifrig an den Keksen der anderen bedient, aber nie selbst welche mitbringt …

Abnehm-Euphorie, die

Auch genannt *Fettschmelzerausch*.

Nichts verbessert die Laune von Frauen mehr als ein unerwarteter Gewichtsverlust. Selbst ein Lottogewinn oder ein Heiratsantrag von George Clooney erreichen wissenschaftlichen Messungen zufolge auf dem weiblichen Stimmungsbarometer keine höheren Ausschläge als der Anblick einer deutlich niedrigeren Zahl auf der Waage als erwartet.

Besonders wenn man sich am Tag vorher nicht gerade kalorienarm ernährt und ein Schockergebnis vorausgesehen hat, führt die Gewichtsabnahme zu einem rauschartigen Zustand, in dem man

a) endlich das enge türkisfarbene Top anzieht, ohne sich darin fett vorzukommen,
b) fast glaubt, doch zu den wenigen Glücklichen zu gehören, die essen können, was sie wollen, ohne zuzunehmen,
c) unkontrolliert vor sich hin kichert.

Die Abnehm-Euphorie ist ein geniales, natürliches Belohnungssystem, bei dem die Stimmungswerte – ähnlich wie beim Blutzuckeranstieg nach einem Liter Cola – nach oben katapultiert werden. Das ist von Mutter Natur clever eingerichtet. Denn sie weiß, dass es nicht lange was zu lachen gibt. Ebenso wie ein hoher Blutzuckerspiegel rasch wieder absackt, hält auch das Stimmungshoch nur kurz an. Und zwar meistens genau bis zum nächsten Schritt auf die Waage, bei dem man feststellen muss, dass man leider doch nicht zu den Auserwählten gehört, die essen können, was sie wollen, ohne zuzunehmen.
→ *Unerklärlicher Fettmagnetismus.*

Abnehmwahn, der

Der Abnehmwahn äußert sich darin, dass man nie, nie, nie mit seiner Figur zufrieden ist. Selbst wenn man es unter Aufbietung aller Disziplin geschafft hat, endlich zwei Kilo abzunehmen, setzt man sich – beflügelt von dem Erfolg – sofort ein neues Ziel: drei weitere Kilo abzunehmen, weil es

a) nicht zum eigenen, weiblichen Selbstbild passt, seine Figur einfach klasse zu finden, und
b) weil man dem Irrglauben unterliegt, dass noch weniger Gewicht immer noch besser sei.

Weiberwahnsinnige Sprichwörter
»I don't want to look good!
I want to look thin!«

»Ich will nicht gut aussehen.
Ich will dünn aussehen!«

Sally in der BBC-Sitcom *Coupling* von
Steven Moffat

Akutes Altersvorsorgeversagen, das

Während Frauen im Allgemeinen penibel sämtliche gesundheitlichen Vorsorgeuntersuchungen wahrnehmen, sehr vorausschauend Abendessen und Wochenendunternehmungen planen und detaillierte Strategien für den Winterschlussverkauf erarbeiten, setzt ihr Verstand beim Thema Altersvorsorge häufig komplett aus. Sie schieben das Erstellen eines Rentenplans und/oder die Überprüfung ihres irgendwann vor Jahren einmal getroffenen Vorhabens für den Ruhestand immer weiter vor sich her und hoffen einfach darauf, dass alles gutgeht. Ein bewundernswerter Zweckoptimismus, der vielleicht aber doch vor Renteneintrittsalter wenigstens einmal von einem unabhängigen Experten geprüft werden sollte.

Allen-recht-mach-Schwachsinn, der

Der Allen-recht-mach-Schwachsinn äußert sich in dem krampfhaften Bedürfnis, es allen recht machen zu wollen – nur sich selbst nicht. Geht oft einher mit der → *Nein-Sage-Unfähigkeit*. Zu den typischen Symptomen gehören:

a) Die Kinder zu Terminen kutschieren, egal wann und wo und wie kurzfristig.
b) Dem Mann Schnitzel zu braten, auch wenn man selbst lieber Milchreis mit Kirschen essen würde.
c) Die Schwiegermutter an fast jedem Wochenende einladen und widerspruchslos all ihre Ratschläge in Erziehungs- und Beziehungsfragen über sich ergehen lassen.
d) Sich nie gegen die Bevormundung durch die eigenen Eltern wehren.

e) Frühmorgens den Aufbau für das Schulfest organisieren und abends zum Kindergartenschmücken gehen, weil ja sonst keiner Zeit hat.
f) Auch den dritten Kunden mit wenig Teilen an der Kasse vorlassen.
g) Überstunden machen in der Hoffnung auf ein Lob vom Chef.
h) Stets die anderen den Kinofilm aussuchen lassen, um dann eine Gesellschaftsparabel im Originalton sehen zu müssen, anstatt *Scary Movie* 5.
i) Niemals das Badezimmer abschließen, wenn man sich ein Schaumbad gönnt, weil es ja sein könnte, dass die Kinder eine wichtige Frage haben oder der Mann seine Hausschuhe nicht findet.

Der Allen-recht-mach-Schwachsinn verläuft manchmal jahrelang unbemerkt, denn anfangs glaubt man tatsächlich noch, dass man selbst nur glücklich sein kann, wenn man alle anderen glücklich gemacht hat. Doch irgendwann fällt einem auf, dass das nicht funktioniert. Und dann kann es sein, dass man alles hinschmeißt. Oder der Körper einem deutlich zeigt, dass *er* alles hinschmeißt, wenn man so weitermacht.

Anpassungsfalle, die

Auch bekannt unter *Beeinflussbarkeit* oder *Chamäleon-Syndrom.*

Viele Frauen passen sich unbewusst ihrer Umgebung an – wie ein Chamäleon. Sie übernehmen modische und sprachliche Eigenheiten und ernährungsbezogene Verhaltensweisen. Vor allem aber übernehmen Betroffene Meinungen von anderen, weil sie sich so überzeugend anhören und die anderen sich mit allem auch viel besser auskennen und man selbst ja eigentlich gar nicht so genau Bescheid weiß. Dies geschieht aufgrund des unbewussten Wunsches, dazugehören und gefallen zu wollen, in allererster Linie aber, nicht abgelehnt zu werden (→ *Ablehnungsangst*).

Akute Anfälle von *Beeinflussbarkeit* beschränken sich zum Beispiel darauf, dass man einen Abend lang die allgemein vertretene Auffassung über die Nichtswürdigkeit des französischen Films teilt oder plötzlich auch der Ansicht ist, dass man unbedingt die Puderfee und das Salat-Karussell von Tupper haben muss.

Schlimmer sind die Symptome der Krankheit, wenn man chronisch beeinflussbar ist. Dann ist die Anpassungsfalle eine tückische Angelegenheit, in die man nicht mit Absicht und von einem Tag auf den anderen hineingerät, sondern schleichend in minimalen Schritten. Wie man beim täglichen Blick in den Spiegel das Entstehen von Falten nicht bemerkt, fällt der Betroffenen gleichfalls nicht auf, dass sie sich jeden Tag ein Stückchen weiter von ihren eigenen Überzeugungen, Ansichten und ihrem ganzen Selbst entfernt.

Besonders verheerend wirkt es sich aus, wenn man in seiner Beziehung in die Anpassungsfalle gerät. Das kann nämlich dazu führen, dass man eines Tages seine eigene Persönlichkeit komplett verloren hat und sich wundert, wie in aller Welt man in ein Reihenhaus mit Buchsbaumhecke auf dem platten Land gekommen ist, wo man doch eigentlich in der Stadt hatte bleiben wollen, und warum man die Haare lang trägt, obwohl man sie kurz bevorzugt, warum man einen All-inclusive-Urlaub bucht, obwohl man immer auf Rucksackreisen stand, und warum die Freunde einen schon lange nicht mehr um Rat fragen, weil man nämlich keine eigene Meinung mehr hat, denn die muss man erst vom Ehepartner einholen. Da man bei Lidl fast alles billig, aber leider noch kein altes Selbst kaufen kann, muss man wohl oder übel eigenständig handeln. Und mal in Ruhe überlegen, was man selbst eigentlich will – und vor allem: was nicht. Und diese Erkenntnis dem Partner gegenüber anschließend auch mutig äußern. Dafür ist es nie zu spät.

> Hinweis: Falls dieser Text Sie in Ihrer Meinung beeinflusst haben sollte, dann besteht für Sie offenbar ein erhöhtes Risiko, in die Anpassungsfalle zu geraten!

Aufmerksamkeitsfluktuation, die

Die Aufmerksamkeitsfluktuation äußert sich in der großen Schwierigkeit Betroffener, sich auf *eine* Handlung zu konzentrieren, weil ständig etwas dazwischenkommt, was sie noch erledigen können. Diese Krankheit geht oft einher mit der → *Mal-eben-schnell-Krankheit* und der → *To-do-Listen-Endlosschleife*.

Beispiel:

Die Betroffene will nur ein paar Kartoffeln aus dem Keller holen, auf dem Weg fällt ihr Blick auf den Wintermantel an der Garderobe, an dem ein Knopf fehlt, den sie die ganze Zeit schon annähen wollte. Bei der Suche nach einem passenden Knopf fällt ihr der Nagellack mit dem schönen Perlmuttton in die Hände, der gut zu ihrem Pullover passen würde, aber vor dem Lackieren müssen die Nägel noch gefeilt werden, und wo sie gerade im Badezimmer ist, kann sie auch schnell noch den Spiegel putzen, aber als sie sich bückt, um den Glasreiniger aus dem

Schrank zu holen, fällt ihr auf, dass ein Lippenpflegestift daruntergerollt ist. Und wenn ihr Mann sie dann auf den Knien im Flur vorfindet und erstaunt fragt, was sie da mache, antwortet sie: »Na, ich hole Kartoffeln.«

Autolegasthenie, die

Bei der Autolegasthenie ist es der Frau unmöglich zu verstehen, was das Auto ihr sagen will. Eigenartiges Fahrverhalten, blinkende Lämpchen, merkwürdige Geräusche – all das kann von der Frau nicht entschlüsselt werden. Ganz abgesehen davon, dass sie bei einem ernsten Problem, wie zum Beispiel einem leeren Scheibenreinigertank, komplett aufgeschmissen ist. Ist ein Klischee. Trifft aber manchmal zu. Leider!

Autobiographischer Wahnsinn

Mein Auto machte komische Geräusche. Es sprang an, es fuhr, aber es rasselte. Und es wurde immer schlimmer! Das war's wohl, dachte ich und stellte mich darauf ein, mir ein neues kaufen zu müssen. Ich schob den Besuch bei der Werkstatt hinaus, um der bitteren Wahrheit nicht ins Auge sehen zu müssen. Dann eines Tages, als das Rasseln beängstigende Ausmaße annahm und ich befürchtete, dass mein Gefährt mitten auf der Autobahn verrecken würde, fuhr ich schweren Herzens zum Automechaniker meines Vertrauens. Er öffnete die Motorhaube. Ich rechnete mit dem Schlimmsten. Er schaute hinein, führte ein paar Handgriffe durch. Dann drehte er sich zu mir um mit den Worten: »Am Öl kann es nicht liegen.« Und nach einer kurzen Pause: »Ist nämlich keins drin.«

Ich kaufte einen Liter Öl. Und mein altes Auto war wie neu. Die Erleichterung, dass ich noch einmal davongekommen war, wich erst langsam der Erkenntnis, wie wahnsinnig peinlich die ganze Sache eigentlich war.

Und das war übrigens noch bevor ich nach dem Sommerurlaub meinen Mechaniker zu Hilfe holte, weil mein Auto nicht mehr ansprang. Woher hätte ich denn auch wissen sollen, dass der Tank leer war …?

Automatisches Abnicken, das

Auch genannt *Ja-und-amen-Syndrom.*

Das Automatische Abnicken ist unter Frauen weit verbreitet und geht oft einher mit dem Krankheitsbild der → *Ablehnungsangst* und der → *Anpassungsfalle.* Die Diagnose ist so simpel wie Wasserkochen: Sie sagt zu allem ja. Nicht selten auch »ja und amen«.

In besonders schweren Fällen antwortet die Betroffene mit ja,

a) noch bevor die Frage zu Ende gestellt wurde,
b) auch wenn die Frage gar nicht verstanden wurde.

Betroffene, die unter dieser besonders schweren Ausprägung von Automatischem Abnicken leiden, sollten entsprechend vorsichtig sein, stellt ihnen ein Polizist eine Frage …

Interessanterweise bewahrt einen die Krankheit des Automatischen Abnickens nicht vor der zeitgleichen Erkrankung → *Komplimentabwehrautomatismus,* der aber immerhin imstande ist, das Automatische Abnicken vorübergehend zu deaktivieren.

Baucheinziehbesessenheit, die

Ein Symptom des → *Specktarnkrampfs* ist das besessene Baucheinziehen, um dünner auszusehen. Ganz nach dem Vorbild früherer Hollywood-Diven wie Raquel Welch,

Ursula Andress und Sophia Loren. Denn vor Einführung des Size-Zero-Trends mussten Bondgirls und andere Bikinischönheiten noch die Luft anhalten, um eine Wespentaille vorzutäuschen. Was jedem, der Augen im Kopf hat, natürlich sofort auffällt. Da der Size-Zero-Trend nur eine kleine, schwachsinnige Elite betrifft und die allermeisten Frauen über gesündere Körpermaße verfügen, sehen sich viele Vertreter des weiblichen Geschlechts gezwungen, ihren Bauchumfang »künstlich« zu verringern, indem sie ihn einziehen. Zumindest in der Öffentlichkeit. Die Betroffenen nehmen Brustatmung, piepsige Stimme und Darmverschlingungen in Kauf, um nur ja die Wampe im Griff zu halten. Aber sobald sie allein sind oder sich unbeobachtet wähnen, lassen sie locker. Ansonsten hält das auch kein Mensch durch.

Bauchspecktarnarm, der

Der Bauchspecktarnarm gehört ebenfalls zum Symptomkatalog des → *Specktarnkrampfs*. Dabei wird in jeder Sitzposition zwecks Vertuschung von Rettungsringen immer wie zufällig ein Arm über den Bauch gelegt. Gelegentlich werden auch beide Arme vor dem Bauch überkreuzt, um die Wampe zu tarnen.

Beeinflussbarkeit, die

siehe auch → *Anpassungsfalle*

Beflissenheit, die

Die Beflissenheit ist eine Weiterentwicklung des → *Allen-recht-mach-Schwachsinns*, bei der die Betroffene versucht, es schon im Voraus allen recht zu machen und anderen jeden Wunsch von den Augen abzulesen, noch bevor sie ihn überhaupt geäußert haben. Das ist natürlich ziemlich stressig für die Betroffene und nervtötend für alle anderen.

Begeisterungsfähigkeit, die

Frauen lassen sich gern begeistern. Von neuen Rezepten, Sonderangeboten, kreativen Ideen, Dekotrends, modischen

Extravaganzen, praktischen Küchenhelfern, wertvollen Sammlerobjekten, von Lebensanschauungen und neuen Fitnesstrends. Es ist eine der wirklich schönen Eigenschaften von Frauen, dass man sie so begeistern kann. In ihrer Begeisterungsfähigkeit kommt zwar die Vernunft und das kritische Denken ein klitzekleines bisschen zu kurz, was häufig zu Spontankäufen führt, aber das ist in diesem ansonsten angenehmen Krankheitsfall nebensächlich. Hauptsache, es macht Spaß!

Autobiographischer Wahnsinn
Hier ein Beispiel für meine herausragende Begeisterungsfähigkeit: Im Supermarkt erstand ich für einen günstigen Preis eine Flasche Nero d'Avola mit einem todschicken Etikett. Völlig verzückt präsentierte ich den Wein meinem Mann und prophezeite: »Das wird bestimmt unser neuer Lieblingswein!«
»Mmmhh«, machte mein Mann, »sollten wir ihn nicht erst mal probieren?«
Wie sich rasch herausstellte, wurde er nicht unser neuer Lieblingswein. Im Gegenteil: Er war absolut ungenießbar. Wir haben ihn weggeschüttet. Aber das Etikett war wirklich schick.

Beknacktes Gehen, das

Im Unterschied zum → *High-Heel-Humpeln* handelt es sich beim Beknackten Gehen nicht um eine schmerzbedingte Bewegungsanomalie, sondern um eine freiwillige Gangart. Sie vermittelt der Betroffenen ein Wohlgefühl, das aus der Differenz zwischen Eigenwahrnehmung und Fremdwahrnehmung herrührt. Dabei weist das Beknackte Gehen zwei Hauptströmungen auf:

a) das *GNTM*-Gehen mit storchartigem Stolzieren und übertriebenem Hüftwackeln nach dem Vorbild der Möchtegernmodels aus Heidi Klums Sendung. Es verleiht der Betroffenen ein Supermodelfeeling und würde vielleicht auch den ein oder anderen Modedesigner beglücken, kommt in seiner Affektiertheit bei Männern (und anderen Frauen) aber so gut an wie ein Lamborghini beim Querfeldeinrennen.

b) Das Selbstbeobachtungs-Gehen mit gesenktem Kopf, bei dem man andauernd auf seine eigenen Füße guckt, was natürlich von außen betrachtet total behämmert aussieht. Frau könnte sich damit herausreden, sie sei in ihre Schuhe verliebt. Oder sie wolle checken, ob sie sich nicht mit Salatsoße bekleckert habe. Aber in Wirklichkeit ist es einfach so, dass die Turmperspektive vom eigenen Kopf aus einen höchst erfreulichen Anblick bietet. Denn nach dem Gesetz der Perspektive laufen Linien näher zusammen, je weiter sie sich entfernen. Effekt: Niemals sahen Beine gazellenhafter, niemals sah man schlanker aus! Besser kann auch Photoshop nicht retuschieren, als es der Blick von oben an sich selbst herunter tut!

Wegen seiner wohltuenden Wirkung ist es gar nicht so leicht, sich das Beknackte Gehen abzugewöhnen. Das Vorführen einer Videoaufnahme von sich selbst schafft aber mitunter bereits rasch Abhilfe.

Beknacktes Sitzen, das

Das Beknackte Sitzen ist gekennzeichnet durch eine verkrampfte Sitzhaltung mit eingezogenem Bauch, über die Rettungsringe drapierten Armen oder das Abwenden von ganzen Körperteilen, die der Betroffenen zu dick erscheinen, zum Zwecke der Vertuschung von Problemzonen.

Siehe auch → *Specktarnkrampf.*

Beknacktes Stehen, das

Viele Frauen leiden unter Beknacktem Stehen. Dazu zählen nicht nur modisch bedingte Haltungsextravaganzen à la Angelina Jolie, sondern auch allerlei merkwürdige Beinhaltungen und Fußstellungen im Alltag. Wenn man auf dem roten Teppich in Cannes die Beine voreinandersetzt, um in der Dior-Robe möglichst schlank auszusehen, dann ist das den Paparazzi geschuldet. Steht man aber morgens um halb acht an der Bushaltestelle auf ebendiese Weise, vermittelt man höchstens den Eindruck, dringend aufs Klo zu müssen. Auch das parallele Stehen auf beiden Füßen, die sich direkt berühren, ist nicht wirklich vorteilhaft. Es mag zwar sein, dass so aus der Entfernung und im Gegenlicht die Silhouette schmaler wirkt. Aber aus der Nähe betrachtet, wirkt die Betroffene nur wie ein unsicheres Schulmädchen, das sich jeden Zentimeters Raum, den es einnimmt, nicht würdig zu sein scheint. Zu den Symptomen des Beknackten Stehens gehört außerdem:

a) das starke Einknicken in der Hüfte, um kleiner zu wirken,
b) die Hand auf der Hüfte mit weit ausgestrecktem Ellenbogen, wie es die Stars auf dem roten Teppich machen,

c) das Stemmen beider Hände in die Seite, um wenigstens mittels optischer Täuschung eine Wespentaille herzustellen,
d) das Vorschieben und Hochziehen der Schultergelenke, um die Schlüsselbeine sichtbar zu machen, die sonst nie aufgefallen wären.

Das Gegenteil zu Betroffenen, die mit verkrampftem Stehen ihre Schlankheit betonen wollen, bilden Frauen, die hemmungslos aller Welt zeigen, dass sie ihre Stützmuskulatur von Kindesbeinen an vernachlässigt haben und mit dahingegossenen Gliedmaßen und hängenden Schultern selbstvergessen abgeschlafft herumstehen. Gegen Beknacktes Stehen hilft nur der gute alte Großmutterspruch: Kopf hoch, Bauch rein, Brust raus!

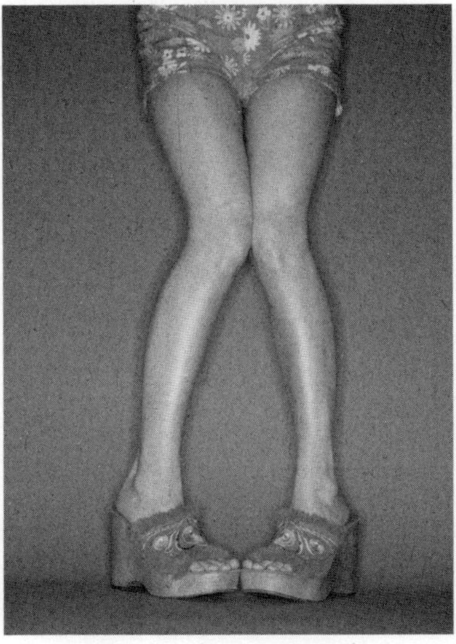

Beleidigte-Leberwurst-Syndrom, das

Frauen sind nicht nachtragend. Aber es gibt Dinge, die vergessen sie nie. Besonders die allerkleinste kritische Bemerkung über die eigene Person wird zum Anlass genommen, stunden- oder tagelang zu schmollen. Selbst wenn sie dann dem Partner gegenüber vorgibt, dass »natürlich alles in Ordnung« sei, erkennt man die beleidigte Leberwurst doch an einem unnatürlich hohen Tonfall, schnippischer Wortwahl und dem racheartigen Servieren einer Rohkostplatte anstatt des versprochenen Schweinekoteletts. Siehe auch → *Elefantengedächtnis*.

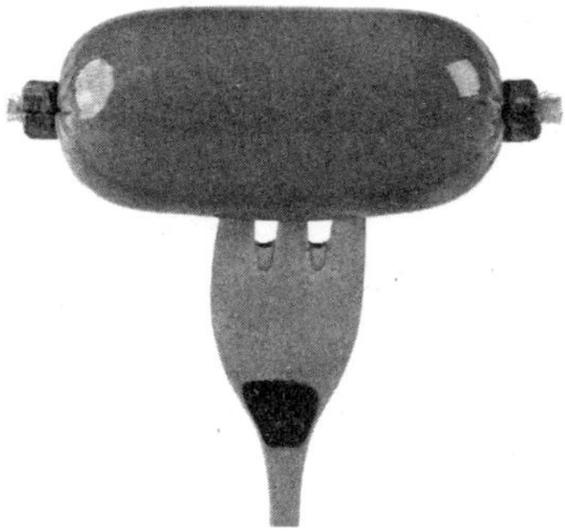

Besserkönnerei, die

Die Besserkönnerei ist die feminine Variante der *Besserwisserei* bei Männern (siehe *Männerkrankheiten*, Ullstein 2012) und tritt vor allem in weiblichen Domänen wie

Haushalt und Kinderbetreuung auf. Bei der Besserkönnerei wird die Betroffene die unbeholfenen Versuche des Partners, das Kind zu wickeln oder eine Paprika zu schneiden, ein paar Sekunden mitleidig beobachten, um ihm dann Baby beziehungsweise Gemüse und Messer zu entreißen zum Zwecke der Demonstration der eigenen Babywickel/Paprika-schneide-Künste. Danach wird sie zwar sagen: »Siehst du, so musst du das beim nächsten Mal machen!« Die Wahrscheinlichkeit ist aber hoch, dass der Mann beim nächsten Mal von vornherein die Übernahme dieser simplen Aufgabe verweigert mit dem Hinweis, sie könne es einfach am besten. Anfangs wird sich die Betroffene davon noch geschmeichelt fühlen, bis sie merkt, dass die ganze Hausarbeit/Kinderbetreuung an ihr hängenbleibt.

Bestellkrampf, der

Der Bestellkrampf ist eine Sonderform des → *Entscheidungskrampfes*, bei dem die Betroffene im Restaurant nicht in der Lage ist, sich in einer angemessenen Zeit für ein Gericht zu entscheiden, weil sie versucht, alle Aspekte der Entscheidung nach bestem Wissen und Gewissen zu berücksichtigen, um am Ende doch den Salat zu wählen. Der Bestellkrampf wird begünstigt von gleichzeitigem Befall von → *Herdentrieb* und → *Beeinflussbarkeit*.

Typischer Verlauf eines Bestellkrampfs im Restaurant

Betroffene blättert durch die Karte, während sich in ihrem Hirn folgender Gedankengang abspielt:
Ich möchte auf jeden Fall etwas Warmes essen. Für Salat ist es einfach zu kalt. Oh, das sieht lecker aus! Rumpsteak mit Pfeffersoße, Salat und Bratkartoffeln. Achtzehn Euro. Köstlich. Aber es ist schon teuer. Und ich habe schon mittags ein Vermögen für Sushi ausgegeben. Außerdem liegt das Fleischeiweiß sicher schwer im Magen, und ich kann nachher nicht schlafen. Mmmhhh. Mal sehen. Was gibt es noch? Alternative: Spaghetti. Ist auch keine schlechte Idee, besonders da Pfifferlinge auf der Tageskarte stehen, aber wer weiß, wo die herkommen, Tschernobyl lässt ja immer noch grüßen. Eigentlich sollte ich den Salat essen, weil der Rock kneift und meine Verdauung auch ein bisschen Schwung gebrauchen könnte. Calamares mit Pommes wäre lecker! Und auch preiswert. Aber natürlich wahnsinnig fettig. Und Calamares sind auch manchmal ganz schön zäh. Mist, da kommt schon der Kellner. Ich nehme jetzt das Steak, auch wenn es achtzehn Euro kostet, dann lasse ich die Bratkartoffeln weg und bestelle mehr Salat dazu, das ist optimal. Genau, so mache ich es. Was? Die anderen bestellen sich alle nur eine Vorspeise. Hilfe! Was mache ich denn jetzt? Okay, dann esse ich die überbackenen Champignons und eine Portion

Pommes. Genau. Das ist nicht zu teuer und schmeckt auch.
Kellner: »Und was darf es für Sie sein?«
Betroffene: »Den Salat mit Putenbrust, bitte.«

Chronische Entscheidungsunzufriedenheit, die

Besonders bei Frauen, die oft unter → *Entscheidungskrämpfen* leiden, ist die Chronische Entscheidungsunzufriedenheit verbreitet, bei der auch noch im Nachhinein mit der nach langem Ringen getroffenen Entscheidung gehadert wird. Erkrankte können sich einfach nicht mit dem getroffenen Entschluss abfinden und fragen sich die ganze Zeit, ob ihr Abend/ihr Leben nicht besser verlaufen wäre, hätten sie die gebratenen Nudeln statt des Auflaufs bestellt/die Jeans statt des Kleids angezogen/ihn doch nicht am nächsten Tag schon angerufen.

Chronische Figurzweifel, die

Die Chronischen Figurzweifel äußern sich in permanenten Überlegungen, ob man nicht doch zu dick sei. Auch wenn der Partner oder die beste Freundin diese Frage schon ein Dutzend Mal mit Nein beantwortet haben, wird die Betroffene nicht müde, sie zu wechselnden Tageszeiten und in anderen Outfits zu wiederholen. Bei leichtem Krankheitsverlauf lässt sich die Betroffene mit einem einfachen Nein besänftigen. Bei schwerer Ausprägung der Krankheit belässt sie es nicht bei der einen Frage, sondern bohrt immer weiter nach. Daraus können sich Dialoge wie folgender entwickeln:

»Bin ich zu dick für das Oberteil?«

»Nein.«

»Ich sehe aber doch fett darin aus!«

»Nein.«

»Die Bluse trägt total auf! Guck mal hier, wo die so aufgeplustert ist.«

»Mmmhh.«

»Findest du nicht, dass die da aufgeplustert ist?«

»Schon ein bisschen.«

»Wusste ich es doch! Ich sehe also doch fett darin aus!«

Und damit fühlt sich die Betroffene wieder einmal darin bestärkt, auch beim nächsten Mal unermüdlich nachzuhaken, ob sie nicht (bitte) doch zu dick ist.

Weiberwahnsinnige Sprichwörter
Susan: »Sally, does it ever occur to you that age brings wisdom and greater confidence?«
Sally: »Susan, age brings you more to shave.«

Susan: »Sally, hast du schon mal daran gedacht, dass das Alter dir Weisheit und Selbstvertrauen bringt?«
Sally: »Susan, das Alter bringt dir mehr zum Rasieren!«

Aus der BBC-Sitcom *Coupling* von Steven Moffat

Damenbart, der

Jetzt heißt es tapfer sein! Denn hier kommt ein Schocker: Der Damenbart ist nicht immer eine aus kuriosem Genmix entstandene Laune der Natur, die bei einigen wenigen dazu führt, dass über der Oberlippe und an anderen heiklen Körperstellen dunkle Haare sprießen. Unerwünschter Haarwuchs ist auch nicht zwangsläufig eine Folge der Einnahme von Steroiden. Nein!

Die bittere Wahrheit ist: Der Damenbart kann jede treffen. Vielleicht nicht mit zwanzig. Vielleicht auch nicht mit dreißig. Aber dann wird es irgendwann kritisch. Und spätestens wenn die Depiladora das Brazilian Waxing an der Kniekehle ansetzt, dann weiß man, dass es zugeschlagen hat: das Alter mit seiner bescheuerten Hormonpolitik. Die

Bikinizone wächst und gedeiht, Haare wachsen aus dem Ohr, sprießen aus der sanften Rundung der Brust, und der weiße Flaum auf den Wangen, der früher so mädchenhaft in der Sonne schimmerte, erinnert auf einmal an die Gesichtsbehaarung eines alten Orang-Utans. Das ist natürlich blöd. Richtig blöd. Aber so ist es. Deswegen: Niemals lachen über die ältere Kollegin mit den schwarzen Haaren am Kinn! Denn man weiß nie, welche Antenne einem eines Tages selbst aus dem Gesicht wuchert. Gegen den Damenbart hilft nur eines: Gelassenheit, eine gute Pinzette und eine kompetente Kosmetikerin.

Dankreflex, der

Der Dankreflex ist unter Frauen weit verbreitet und äußert sich darin, dass sich die Betroffene ständig automatisch bedankt, auch wenn es überhaupt nichts zu bedanken gibt. Beim Frühstück bedankt sie sich jedes Mal dafür, dass der Partner die Butter oder das Salz anreicht, die er an sich gerissen hat, sie bedankt sich bei der nervigen Nachbarin für ihren Besuch, auch wenn sie heilfroh ist, wenn sie endlich wieder geht. Da wird der Kollegin gedankt, obwohl sie einem gerade irgendeinen Job aufgehalst hat, dem Call-Center-Anrufer trotz der Störung in der Freizeit und für Auskünfte, die die Frau am Servicestand so mürrisch erteilt, als wäre allein die Frage eine Zumutung gewesen.

Die Betroffene wundert sich hinterher selbst, warum sie sich bedankt hat. Diese Frage lässt sich dank neuester Forschungen beantworten: Sie leidet unter dem Dankreflex.

Dekorationsdelirium, das

Das Dekorationsdelirium ist eine häufig zyklisch verlaufende Krankheit, die sich in der übertriebenen Verzierung der eigenen vier Wände mit Schnickschnack äußert. Am Anfang stehen die stille Freude, die ein individuell eingerichtetes Heim bietet, und das begeisterte Nachdenken darüber, wie man es sich noch gemütlich machen könnte. So weit, so normal. Doch die Grenzen zwischen Einrichtungsnormalität und pathologischem Ornamentieren verlaufen fließend. Jahreszeitlich wechselnder Zimmerschmuck wie Frühlingsnester und Holzosterhasen, sommerliche Stoffblumen, herbstliche Halloweenkürbisse und weihnachtliche Rentierfiguren sind immer noch völlig im Rahmen. Ein Dekorationsdelirium im Anfangsstadium ist festzustellen bei der Verwendung von Sprühschnee, farbigem Ziersand und Plüschtieren in einem Alter, in dem man beim Kauf einer Flasche Wein nicht mehr nach dem Ausweis gefragt wird.

Bei folgenden Symptomen aber ist ein ausgewachsenes Dekorationsdelirium erreicht:

a) Auf dem Tisch verhindern Dekosteine mit Sinnsprüchen wie »Nur wer sich Zeit nimmt, hat sie auch« das Abstellen eines Tellers.
b) Dauernd stößt man sich das Knie an der Schwemmholzskulptur in der Ecke.
c) Beim Öffnen des Fensters fällt jedes Mal die Etagen-Blumenampel mit dem Strickkaktus und der Häkeltulpe herunter und wird geduldig wieder aufgehängt und hindrapiert.

Das Dekorationsdelirium lässt sich leicht mittels Entschlackungskur heilen. Einfach weg mit dem verstaubten Blütenpotpourri, dem Tisch-Leuchtturm aus dem Hollandurlaub vor acht Jahren, fort mit Kerzen in Tierform, Filz-Glückswichteln und Porzellanherzgirlanden! Alles ausräumen und bei eBay versteigern! Und dann die Leere und Stille genießen! Und irgendwann neu anfangen. Mit diesen zauberhaften blauen Flaschen aus dem Blumenladen zum Beispiel, die sich mit einer weißen Stoffmargerite so hübsch im Regal machen würden …

Doppelhändiges Tassenhalten, das

Das Doppelhändige Tassenhalten ist durch Hollywoodfilme in Mode gekommen, in denen die zarten, liebesbedürftigen Heldinnen mit schmalen Fingern einen dampfenden Becher umklammern, um dem Angebeteten zu demonstrieren, wie hilflos, wärmesuchend und schutzbedürftig sie sind, wo sie doch sogar beide Hände voll zu tun haben, um einen einfachen Kaffee zu halten. Von der Leinwand ist dieses Verhalten auf die real existierenden Frauen übergesprungen, damit sie sich einmal fühlen können wie eine zarte, liebesbedürftige Heldin. Wirkt einigermaßen unnötig, hat aber den Vorteil, dass man nicht gleichzeitig an seinem Smartphone herumspielen kann, sondern sich einfach mal auf eine andere Sache konzentrieren muss, nämlich Kaffee trinken und schutzbedürftig sein.

Doppelkinnverhinderungskrampfkichern, das

Das Doppelkinnverhinderungskrampfkichern ist definiert als verhaltenes Kichern anstelle eines richtigen Lachens zur Verhinderung der Zurschaustellung eines Doppelkinns, wie es die Betroffene mal bei sich selbst auf einem Foto entdeckt hat, das entstanden ist, als sie so über den Witz mit den drei Männern und der Spülmaschine gelacht hat. Das Krampfkichern kann auch einhergehen mit einer vor den Mund gehaltenen Hand zum Zwecke der Vertuschung

a) einer Zahnspange,
b) einer Zahnfehlstellung,
c) eines vermeintlich unschönen Lachens oder
d) eines Spinatfetzens oder Mohnkorns, das nach dem Essen zwischen den Zähnen kleben könnte.

Egozentrismus, der

Der weibliche Egozentrismus ist eine durchaus lästige und hinderliche Erkrankung, da Betroffene alles persönlich nehmen. Jede Bemerkung und jede sachliche Kritik beziehen sie auf sich, womit sie sich das eigene Leben ziemlich schwermachen. Unterformen sind → *Gelächterinduzierte Unsicherheit* und das → *Glashaus-Steine-Syndrom*.

Elefantengedächtnis, das

Während viele Frauen eigene verbale Entgleisungen innerhalb von Sekunden vergessen, speichern sie Fehlverhalten von anderen unauslöschlich auf der Festplatte. Die Betroffenen des Elefantengedächtnisses können noch Wochen nach einem Streit den genauen Wortlaut der völlig deplatzierten Argumente ihres Mannes, der Mutter, der Kollegin wiedergeben. (Wobei sich der Tonfall in der Nacherzählung in der Regel erheblich vom Original unterscheidet. Siehe auch → *Nacherzählungssynchronisation.*) Vor allem aber haben die Betroffenen jegliche gemeinen Bemerkungen, sarkastischen Spitzen und Verbalattacken der letzten Jahrzehnte immer und ständig parat.

Dabei können Frauen diejenigen verbalen Schmähungen am längsten im Gedächtnis behalten, die ihr Aussehen und ihr Gewicht betreffen. Hat jemals einer etwas Unbedachtes oder Boshaftes über Figur, Frisur, Gesicht oder

Klamotten gesagt, vergisst Frau das nie. Ob die im Matheunterricht dahingerotzte Bemerkung des Klassenkiffers über einen dämlichen Gesichtsausdruck oder der Satz eines Freundes auf dem zwanzigsten Geburtstag von Susanne: »Es sieht aus, als ob du gleich die Hose sprengst.« Selbst abschätzige Blicke von irgendwelchen unbekannten Idioten in Kneipen oder auf der Straße können Betroffene nicht vergessen.

Wenn also jemand beim fünfundzwanzigjährigen Abitreffen aus heiterem Himmel von einer alten Schulkameradin attackiert wird, dann kann es sich dabei um einen Racheakt für eine im Elefantengedächtnis gespeicherte lästerliche Bemerkung aus der Schulzeit handeln.

Die schöne Seite am Elefantengedächtnis aber ist, dass es auch Komplimente speichert, besonders wenn sie unerwartet sind. Und dann weiß man auch noch Jahrzehnte später genau, welcher Junge einen im Bus süß fand oder dass ein unbekannter Cabriofahrer einem an der Ampel hinterhergepfiffen hat.

Autobiographischer Wahnsinn

Der erste Eintrag in meinem Elefantengedächtnis hat mit meiner Omi zu tun. Meine Omi war eine begnadete Bäckerin. Immer wenn wir dort zu Besuch waren, gab es Haselnusstorte und Frankfurter Kranz und jede Menge anderen Kuchen, und ich liebte meine Omi dafür. Eines Sonntags aber war es für mich mit dem reuelosen Genuss vorbei. Ich entschied mich für einen Apfelkuchen. Mit Sahne. Natürlich.

Doch da! Meine Eltern, völlig unerwartet: »Das muss doch nicht sein. Nein, Hanna, keine Sahne.« Meine Omi rettete mich, indem sie sagte: »Nun lasst doch das Kind.« Woraufhin ich meine Omi noch mehr liebte. Denn natürlich verstand ich damals nicht wirklich, warum ich meinen Apfelkuchen nicht mit einem Klecks Sahne noch leckerer machen sollte. Aber dennoch ahnte ich, dass es irgendwas mit meiner Figur zu tun haben könnte. Andernfalls hätte ich diese Worte wohl kaum in meinem Elefantengedächtnis abgespeichert. Das Schöne an dieser Erinnerung ist aber, dass ich dabei immer an meine liebe Omi denke.

Empathiewahn, der

Frauen sind generell sehr mitfühlend. Was eine tolle Eigenschaft ist. Denn nur wer mitfühlend ist, kann auch rücksichtsvoll und hilfsbereit sein. Manche Frauen sind aber so mitfühlend, dass sie die Probleme und Problemchen aller Menschen nicht nur verstehen, sondern auch lösen wollen bis hin zur Selbstaufopferung. Ist eine Frau dem Empathiewahn verfallen,

a) wird sie jede Petition unterschreiben, ob für die Erhaltung von Kleingärten oder die Abschaffung der Hundesteuer;

b) kann sie an keinem Obdachlosenzeitungsverkäufer vorbeigehen, ohne eine Zeitung zu kaufen, und es reicht ihr auch nicht, nur zu spenden, weil sie dann das Gefühl hat, der Verkäufer könnte sich gekränkt fühlen, weil sie seine Zeitung gar nicht interessiert, so dass sie von ein und derselben Ausgabe mindestens drei Exemplare zu Hause hat;
c) ist sie nicht mehr in der Lage zu unterscheiden, ob es sich um einen Betrüger handelt oder um einen ehrlichen Mann, der verzweifelt vor der Haustür steht und seinen Hausschlüssel in seinem Auto und den Autoschlüssel in seinem Haus eingeschlossen hat, wo natürlich sein Portemonnaie ist, weswegen er Geld braucht, um mit der Bahn zu seinem Cousin nach Wuppertal zu fahren, der einen Zweitschlüssel hat.

Jedem gesunden Menschen würde auffallen, dass diese Geschichte kompletter Unsinn ist und der Mann außerdem nach Schnaps riecht und sich dauernd nervös umschaut. Aber eine Frau mit Empathiewahn drückt ihm mitleidig 20 Euro für die Bahnkarte in die Hand. Erst fühlt sie sich dank ihrer Hilfsbereitschaft noch gut, bis sie in der Zeitung die Meldung über eine Trickbetrüger-Masche liest, die sie kuriert. Bis jemand mit einer anderen, wirklich bedauernswerten Story ankommt …

Emotionaler Exhibitionismus, der

Während man Männern manchmal nicht mal eine Trennung oder eine andere umwälzende private Katastrophe ansieht, neigen Frauen zum Emotionalen Exhibitionismus. Der manifestiert sich darin, dass die Betroffene jede noch so kleine bis hin zu melodramatisch großen Gefühlsregungen ungefiltert der Öffentlichkeit preisgibt. Das kann mittels Mimik und Gestik geschehen, mittels lautstarken Telefonierens oder hemmungslos über soziale Netzwerke. Dadurch versucht die Betroffene, Verständnis und Anerkennung zu gewinnen oder sich einfach mal Luft zu verschaffen. Der Emotionale Exhibitionismus hilft aber nicht immer dabei, sich besser zu fühlen. Denn je mehr die Betroffene darüber redet, wie schlecht es ihr geht, desto stärker glaubt sie auch daran. Abgesehen davon besteht die Möglichkeit, dass sie ihrem Gegenüber mit dem Genöle auf den Zünder geht. Deswegen ist es von Zeit zu Zeit ratsam, einfach mal die Klappe zu halten und abzuwarten, ob die Unpässlichkeit nicht schweigend auch wieder vorübergeht.

Emotionale Hypochondrie, die

Eine klassische Hypochondrie beschreibt das Leiden unter eingebildeten Krankheiten. Bei der Emotionalen Hypochondrie leidet die Betroffene unter eingebildeten Charakterfehlern und vor allem unter eingebildeten Beziehungsstörungen. Jeder Informationszufluss aus dem Bereich der charakterlichen Schwächen und Partnerschaftsprobleme wird verarbeitet und auf das eigene Leben projiziert.

Beispiele:

a) Information: Übertriebenes Klammern ist für Männer der Beziehungskiller Nummer 1. Reaktion: Die Betroffene begräbt ihr Vorhaben, ihren Liebsten auf der Arbeit anzurufen, und schreibt auch an diesem Tag keine SMS mehr.
b) Information: Brangelina haben sich nichts mehr zu sagen. Reaktion: Die Betroffene macht sich Sorgen, dass ihr und ihrem Mann der Gesprächsstoff ausgeht, weil sie gestern im Restaurant auch nicht viel geredet haben.
c) Information: Die Freundin bekommt einen Heiratsantrag/ein Kind/einen Termin beim Starfriseur. Reaktion: Die Betroffene fühlt sich plötzlich nicht mehr wohl mit ihrer wilden Ehe/Kinderlosigkeit/Frisur und will auch endlich einen/ein/eine haben.

Was für den klassischen Hypochonder die *Apothekenumschau*, ist für den Emotionalen Hypochonder die Frauenzeitschrift: Denn weder das Horoskop noch Psychotests können Betroffene folgenlos lesen. Sobald dort etwas Negatives steht, stürzen sie in eine Krise. Die Meidung solcher Informationen ist in schweren Fällen die einzige Therapie.

Psychotest: Sind Sie ein Emotionaler Hypochonder?

Lesen Sie folgende Sätze:

1. Frauen in langjährigen Beziehungen haben nachweislich einen geringeren Intelligenzquotienten, weil sie zu wenig eigenständig denken und wichtige Angelegenheiten und Entscheidungen allein dem Partner überlassen.
2. Frauen, die verzweifelt auf der Suche nach einem Partner sind, werden keinen Partner finden, solange sie verzweifelt auf der Suche nach einem sind.
3. Frauen, die Psychotests lesen, leiden unter einem verringerten Selbstwertgefühl.

Was haben Sie beim Lesen gedacht?

a) Oh Gott, mir geht es genau so.
b) Es leuchtet mir nicht ganz ein, aber es könnte was dran sein.
c) Das ist doch ausgemachter Blödsinn, den sich die Autorin hier ausgedacht hat!

AUSWERTUNG:

Antwort a:
Gut gemacht! Selbsterkenntnis ist der erste Schritt zur Besserung. Und die Erkenntnis ist: Ja, Sie sind ein Emotionaler Hypochonder.

Antwort b:
Gut gemacht! Sie haben sich eine gewisse Skepsis

bewahrt! Weiter so. Sie könnten noch einmal davonkommen von Emotionaler Hypochondrie.
Antwort c:
Gut gemacht! Sie liegen goldrichtig in der Annahme, dass es sich um ausgemachten Blödsinn handelt, den sich die Autorin hier ausgedacht hat. Von der Emotionalen Hypochondrie sind Sie meilenweit entfernt.

Entscheidungskrampf, der

Auch genannt *Entscheidungsinkompetenz, Entweder-oder-Krankheit*, *Akuter Wankelmut* oder *Chronische Unentschlossenheit*.

Diese Krankheit äußert sich darin, dass jede noch so kleine Entscheidung die Betroffene in ein Dilemma stürzt. Wo Grübeleien über die Auswahl des eigenen Brautkleids noch Verständnis hervorrufen, erleiden Betroffene selbst bei der Auswahl der Farbe eines Geschenkpapiers einen krampfartigen Anfall, der sie handlungsunfähig macht. Mit rationalen Mitteln lässt sich dem Entscheidungskrampf nicht beikommen, denn die Betroffene versucht ja gerade sämtliche Fakten zu berücksichtigen. Das kann so aussehen:

a) Bei Geschenken memoriert die Betroffene jedes Detail über Vorlieben, die der Beschenkte jemals erwähnt hat, und schwankt tagelang zwischen Grillpfanne, Parfüm und einer selbstgebastelten Fotolampe.

b) Beim Kauf von Lebensmitteln werden die Faktoren Kaloriengehalt, Appetit, Stimmungslage, Kosten und Image des Produkts gegeneinander aufgewogen und mit der Wahrscheinlichkeit verrechnet, ob ein Bekannter einen beim Kauf einer 300 g-Tafel-Schokolade und einer Flasche Prosecco erwischen könnte.
c) Beim Klamottenkauf fließen der Anlass, für den das Kleidungsstück gekauft werden soll, das eigene Aussehen, die vermutete Anpassung an die Figur, die Farbe, die Kosten und das Image der Marke mit in das komplizierte Entscheidungsfindungsverfahren ein.

Der Entscheidungskrampf führt nicht selten dazu, dass die Betroffene einfach alle in Frage kommenden Kleidungsstücke/Lebensmittel/Geschenke einkauft, um sich in Ruhe zu Hause zu entscheiden und vielleicht auch Partner oder Freundin um Rat zu fragen. Was die Sache oft nicht einfacher macht. Egal, wie sie sich entscheidet: Das bedeutet noch lange nicht, dass sie auch mit der Entscheidung zufrieden ist. (Siehe auch → *Chronische Entscheidungsunzufriedenheit*). Eine Sonderform des Entscheidungskrampfes ist der → *Bestellkrampf*.

Entschuldigungserwartungsbesessenheit, die

Eine Entschuldigungserwartungsbesessenheit liegt dann vor, wenn die Frau bei jeder Auseinandersetzung besessen auf eine Entschuldigung des Partners lauert und sie den Streit auch erst dann für beendet erklärt, wenn sie zu hören bekommen hat, was sie wollte. Und zwar im genauen Wortlaut. Eine schwierige Sache, da nicht wenige Männer unter *Entschuldigungs-Abwehrmechanismus* (siehe *Männerkrankheiten*, Ullstein 2012) leiden, der sie dazu bringt, eine Entschuldigung hartnäckig zu verweigern. Wenn beide Krankheiten in einer Beziehung aufeinandertreffen, wird es kompliziert, denn mit Ausbleiben einer erwarteten Entschuldigung wird die Frau

a) mit sich steigerndem Aggressionspotential weiter auf ihren Partner einreden und längst abgehakte Beispiele für sein mieses Verhalten aufwärmen,
b) über Stunden oder Tage die beleidigte Leberwurst spielen (siehe auch → *Beleidigte-Leberwurst-Syndrom*).

Beide Verhaltensweisen schrauben den Konflikt zielsicher auf ein höheres Level und führen damit immer weiter weg von dem Ziel, eine ehrliche Entschuldigung zu bekommen. Hilfreicher ist es da häufig, die Sichtweise des anderen in Ruhe zu überdenken. Denn es kommt tatsächlich auch bei Männern vor, dass sie
a) einen begründeten Standpunkt vertreten,
b) ihrerseits über den begründeten Standpunkt der Partnerin nachdenken,
c) in einer ruhigen Minute zugeben, dass ihr Verhalten nicht in Ordnung war,
d) selbst eine Entschuldigung verdient haben.

Entschuldigungsreflex, der

Ähnlich wie der Dankreflex funktioniert der Entschuldigungsreflex, der sich darin äußert, dass die Frau automatisch »Tut mir leid« sagt, auch wenn sie überhaupt nichts für das Malheur/die Situation kann und es deswegen auch eigentlich gar nicht so meint. Es besteht dann aber die Gefahr, dass ihr Gegenüber es wörtlich aufnimmt! Deswegen wird die Betroffene mit Entschuldigungsreflex manchmal gnadenlos ausgenutzt, weil sich leicht alle Schuld auf sie abwälzen lässt.

Entspannungskrampf, der

Zu den obersten Zielen eines Urlaubes gehört die Entspannung. Da sind sich Männer und Frauen in der Regel einig. Aber so nachlässig wie Männer im Allgemeinen sind, lassen sie auch das Entspannen vollkommen locker angehen. Als hätten sie unbegrenzte Urlaubstage vor sich, sehen sie überhaupt nicht ein, warum man besser gleich mit dem Entspannen anfängt. Frauen dagegen wissen, dass es viel effektiver ist, wenn die Erholung auf der Stelle einsetzt, weil man ja nun wirklich nicht nach Hause fahren kann, ohne total relaxt zu sein, das wäre dann ja ein vollkommen unsinniger Urlaub gewesen! Diese Einstellung ist zwar durchaus nachvollziehbar, kann aber etwas hinderlich sein, wenn sie in einen sogenannten Entspannungskrampf mündet. Der liegt vor, wenn folgende Symptome auftreten:

a) Manisches Erwähnen des Wortes »Erholung« fünfmal pro Stunde,
b) Festklammern an der Poolliege auch bei Regen,
c) Krakeelen über jedwede Ruhestörung und andere Kleinigkeiten, die im Entspannungsprogramm nicht vorgesehen sind.

Beim Entspannungskrampf führt jede Abweichung von der Vorstellung des perfekten Urlaubs zu Stressattacken. Das kann ein hellhöriges Hotelzimmer, eine ballaststoffarme Ernährung (→ *Verdauungswahnsinn*) oder der Partner sein, der partout nicht einsehen will, dass die Geräusche vom Kinderspielplatz am anderen Ende des Ortes gar nicht so ohrenbetäubend sind. Dass sie die vielleicht gar nicht bemerken würde, wenn sie nicht so fanatisch an ihrer Erholung arbeiten würde, bemerkt die Betroffene dabei gar nicht.

Eine vom Urlaub unabhängige Sonderform ist der **Mütterliche Entspannungskrampf**. Der schlägt dann zu, wenn Mütter ihr Kind nach dem Mittagessen endlich vom Einschlafen überzeugt haben und dann die eine Stunde »Zeit für sich« bestens ausnutzen wollen. Vor lauter Möglichkeiten aber, die eine Stunde Ruhe bietet, wissen sie dann manchmal gar nicht, was sie machen sollen, und rennen aufgescheucht durch die Bude auf der Suche nach etwas, was ihnen jetzt auf der Stelle Entspannung bringt. Und wenn sie sich dann endlich dazu durchgerungen haben, bei einem schönen Milchkaffee ganz schnell in Ruhe die Zeitung zu lesen, wird das Kind wach. Garantiert.

Esoterikwahn, der

Der Esoterikwahn befällt von allen Geschlechtern die Frauen am häufigsten. Während das ganzheitliche Körperbewusstsein und das Akzeptieren von Naturheilkunde und vielleicht sogar eine gewisse Spiritualität zur weiblichen Grundausstattung gehört, definiert sich der Esoterikwahn als Zustand, in dem das hennarote Haupt bloß noch mit feinstofflicher Materie gefüllt ist, während jeder Fitzel gesunden Menschenverstandes von Lichtwesen hinfortgetragen wurde. Der Esoterikwahn mutet beizeiten bizarr an, wenn er sich zum Beispiel im ständigen Mitführen einer Wünschelrute, im öffentlichen Zwiegespräch mit Engeln und im Tragen von schamanischen Amuletten, Walle-Kleidern aus Leinen und knallbunten Hosen aus Goa äußert. Für Betroffene selbst bietet der Esoterikwahn eine wunderbare Möglichkeit, sich dem Stress der Welt zu entziehen. Frau sollte nur zusehen, dass sie nicht ihr gesamtes Vermögen für Lichtenergiebehandlungen, Chakrenöffnungen, Partnerrückführungen, Astro-Hotlines oder anderen Firlefanz ausgibt, sondern einen den eigenen Finanzen entsprechenden Zugang zur Esoterik wählt. Und wenn Frau dann auch noch einsieht, dass eine alleinige Ernährung aus Licht auf Dauer ungesund ist, mag sie zwar auf andere skurril und wunderlich wirken, aber im Zweifelsfall ist sie dafür auch glücklicher.

Affektiver Diätanfall, der

Der Affektive Diätanfall bezeichnet die plötzlich aufflammende Motivation, jetzt aber wirklich die schon lange benötigte Diät anzufangen und diesmal auch konsequent durchzuhalten. Ausgelöst werden kann ein Affektiver Diätanfall durch

a) einen unvorteilhaften Schnappschuss,
b) das Reißen der Lieblingsjeans,
c) die Aussicht auf ein Date mit dem süßen Kollegen,
d) die neue Quatsch-mit-Soße-Diät.

Die Euphorie beim Affektiven Diätanfall ist groß, der Start hervorragend. Man ist überzeugt, dass es dieses Mal wirklich funktioniert. Zumindest für einen halben Tag. Oder eine halbe Woche. Spätestens dann merkt man, dass diese Diät genauso anstrengend und kräftezehrend ist wie die letzte und dass es leider, leider, leider schon wieder nichts wird mit dem Traum vom Abnehmen.

After-Dinner-Blues, der

Auch genannt *Mahlzeitenjammer* oder *Kalorienkater*. Der After-Dinner-Blues ist definiert als automatisch auftretende Reue nach Nahrungsaufnahme. In leichten Fällen treten die Anfälle nur nach einem formidablen Schmaus auf. Während des Essens schwelgt man im höchsten Genuss. Das butterzarte Steak mit den knusprigen Pommes, die sahnige Cognacsoße, die Himbeer-Mascarpone-Creme, die die Geschmacksnerven Salsa tanzen lässt – jede einzelne Kalorie ist es wert, denn noch nie hat man besser gegessen. Die Delikatessen gleiten sanft über die Zunge. Man schwebt noch einen Moment auf Wolke 7. Genießt den Nachklang am Gaumen. Tupft sich mit der Serviette den Mund ab. Und dann passiert Folgendes:

a) Das Essen sackt plötzlich in den Magen und dehnt sich dort in ungeahnte Dimensionen aus.
b) Der Hosenbund spannt, die Bluse zwickt, die Rettungsringe blähen sich auf.
c) Die Betroffene martert sich mit Vorwürfen. War es wirklich nötig, auch noch den letzten Rest Rahmsoße mit dem Brot aufzutunken? Und wieso musste ich mir Dessert nachnehmen?
d) Die Betroffene martert insgeheim die anderen mit Vorwürfen. Warum muss Marie auch immer so lecker kochen, dieses Biest? Und sie hat mir auch mit Absicht so viel auf den Teller gefüllt, während sie sich selbst nur ganz wenig genommen hat!
e) Die Betroffene fühlt nur noch Groll statt Genuss.

Manche versuchen, den After-Dinner-Blues abzumildern, indem sie die aufgenommene Kalorienmenge schätzen. Der Schuss kann aber nach hinten losgehen, wenn man merkt, dass eine Kalorienmenge verputzt wurde, die nur eine Bergetappe bei der Tour de France wieder wettmachen würde.
Bei milderem Verlauf der Krankheit tritt der After-Dinner-Blues erst dann auf, wenn man sich einmal quer durchs Tortenbuffet gefuttert hat.
In schwerwiegenden Fällen lässt sich noch nicht einmal ein Knäckebrot mit Hüttenkäse ohne Selbstvorwürfe genießen. Dann wird es Zeit, etwas zu unternehmen!

Es kann vorkommen, dass der After-Dinner-Blues zu einem *After-Dinner-Aktivitätsanfall* führt, bei dem die Betroffene anfallsartig körperliche Ertüchtigung betreibt, in der Hoffnung, wenigstens einen Teil der Kalorien abzuarbeiten und ihr schlechtes Gewissen damit zu besänftigen. Andere verschieben das Problem einfach auf den nächsten Montag (siehe auch → *Montagskrankheit*). Die beste Lösung ist aber, einfach seinem schlechten Gewissen den Mund zu verbieten.

Diätmittelglaube, der

Joghurt, der schlank macht, Pillen, die die Pfunde purzeln lassen, Salben, die Cellulitis verschwinden lassen, Drinks, die den Appetit dämpfen oder die Fettverbrennung ankurbeln – Betroffene des Diätmittelglaubens sind davon überzeugt, dass all das wirklich hilft, und verpulvern einen Haufen Geld, in der Hoffnung, das Diätmittel könne ihnen die lästige Sache mit dem Wenigeressen abnehmen. Selbst wenn ein Diätmittel versagt hat, stürzen sich die Betroffenen auf das nächste, das ihnen einfaches Abnehmen verspricht. Und weil die Industrie so gut daran verdient, wird es auch immer neue Wunderschlankmacher geben. Und so bleibt der Diätmittelglaube lebendig, bis in alle Ewigkeit, amen.

Diätwahnsinn, der

Apfelessigdiät, Amapur-Diät, Ananasdiät, Atkins-Diät, Ayurveda-Diät, Ballaststoff-Diät, Bauch-weg-Diät, BCM-Diät, Beyond-Diät, Bikini-Diät, Bild-Diät, Blitzdiät, Blutgruppendiät, Bonvita-Diät, Brigitte-Diät, Bürodiät, Cambridge-Diät, David-Kirsch-Diät, Detlef-D-Soost-Diät, Dinner Cancelling, Dr.-Pape-Diät, Dukan-Diät, Eiweiß-Diät, Fasten, FdH, Figuactiv-Diät, Fit-and-Feelgood-Schlankdiät, Fit-for-Fun-Diät, Fit-for-Life-Diät, Formula-Diät, Für-Sie-Diät, Glyx-Diät, hCG-Diät, Hollywoodstar-Diät, Ideal-Diät, Kartoffel-Diät, Kohlsuppen-Diät, Körner-Diät, Kreta-Diät, L.A.-Diät, Logi-Methode, Low-Fat-Diät, Low-Carb-Diät, Lutz-Diät, Markert-Diät, Max-Planck-Diät, Mayo-Diät, Mayr-Kur, Metabolic-Balance-Diät, Milch-Diät, Minus-1-Diät, Mittelmeer-Diät, Montignac-Methode, Müller-Diät, Nebenbei-Diät, Nulldiät, One-Day-Diät, Pritkin-Diät, Reis-Diät, Rohkost-Diät, Saft-Diät, Säure-Basen-Diät, Scarsdale-Diät, Schlank-im-Schlaf-Diät, Schrothkur, Schuhbeck-Diät,

Sears-Diät, Simplify-Diät, Slimfast-Diät, Slow-Carb-Diät, South-Beach-Diät, Steinzeit-Diät, Suppen-Diät, Susan-Powter-Diät, Trennkost-Diät, Typ-Diät, Vollweib-Diät, Vollwert-Diät, Volumetrics-Diät, Warnecke-Diät, Weight Watchers, Yoga-Diät, Zitronensaftkur, Zone-Diät, 5-Faktor-Diät, 3-D-Diät, 17-Tage-Diät, 24-Stunden-Diät, 90-Tage-Diät …

Fresspeinlichkeit, die

Bei der Fresspeinlichkeit ist es Betroffenen unangenehm, in Gesellschaft das zu essen, was sie normalerweise alleine essen würden. Deswegen

a) vermeiden sie am liebsten gemeinsame Essen in der Öffentlichkeit oder
b) bestellen Attrappenmahlzeiten, die sie weder besonders mögen noch satt machen.

Attrappenmahlzeiten dienen allein dem Vortäuschen gesunder Essgewohnheiten und haben nichts, aber auch gar nichts mit dem normalen Ernährungsverhalten zu tun. Denn nicht selten zieht sich die Betroffene nach dem Verzehr von Tomatensuppe und Lachs-Carpaccio zu Hause vor dem Schlafengehen noch eine Tüte Gummibärchen rein.

Die Fresspeinlichkeit kann chronisch vorliegen, aber auch akut auftreten im Beisein von Männern, denen man eventuell später noch nackte Tatsachen präsentieren will, oder in Gesellschaft von Frauen, die sich sämtlich mit einem gemischten Vorspeisenteller begnügen (siehe auch → *Herdentrieb*).

Fressscheinheiligkeit, die

Die Fressscheinheiligkeit führt selbst nach überschaubarer Nahrungsaufnahme zur Zurschaustellung eines übermäßigen Sättigungsgrades. Die Betroffene lehnt sich erschöpft zurück, stöhnt laut und stößt so etwas hervor wie: »Puh, das war aber viel!« oder »Jetzt habe ich aber zugeschlagen!« oder »Sonst esse ich aber nie solche Mengen!«
Wenn man gerade Leberknödelsuppe, Haxe mit Bratkartoffeln und eine Schüssel Bayerische Creme verdrückt hat, dann sei eine Bemerkung über die Magenfülle verziehen. Aber nach einem Tomaten-Kräuter-Omelett oder einer Vorspeisenportion Spaghetti über die wahnsinnigen Mengen zu greinen, ist eindeutig ein Fall von Fressscheinheiligkeit.

Eine Variation ist die *Präventive Fressscheinheiligkeit*, bei der schon *vor* dem Essen die riesigen Portionen beanstandet werden mit Bemerkungen wie »Wer soll das denn alles essen?«, als ob es ein schlechtes Gütezeichen wäre, wenn man seinen Gästen anständige Mengen vorsetzt.

Es kann natürlich sein, dass die Betroffene tatsächlich auch im stillen Kämmerlein niemals solche Portionen zu sich nimmt. Es kann aber auch genauso gut sein, dass sie nur in Gesellschaft wenig isst, sich aber zu Hause sehr wohl den Bauch vollschlägt (siehe → *Fresspeinlichkeit*).

Die Fressscheinheiligkeit ist in beiden Fällen eine völlig überflüssige Macke, die nur dazu dient, sich selbst als maßvolle Esserin zu präsentieren und allen, die vernünftige Portionen bevorzugen, ein schlechtes Gewissen zu machen.

Ich-esse-was-ich-will-Lüge, die

Hollywoodstars und andere Klappergestelle verkünden gern, dass sie essen, was sie wollen. Das ist natürlich so was von gelogen! Beziehungsweise wird einfach das Ende des Satzes weggelassen. Vollständig heißt er nämlich: Ich esse, was ich will – ausgenommen Zucker, Kohlenhydrate, Milchprodukte und Fleisch.

Ich-verbrenne-so-unheimlich-schnell-Lüge, die

Hollywoodstars und andere Klappergestelle verkünden gern, dass sie essen können, was sie wollen, weil sie so unheimlich schnell verbrennen. Das ist natürlich so was von gelogen! Beziehungsweise wird einfach das Ende des Satzes weggelassen. Vollständig heißt er nämlich: Ich verbrenne so unheimlich schnell, weil mich mein Personal-Trainer sechs Stunden am Tag herumscheucht.

Jetzt-ist-sowieso-alles-egal-Krankheit, die
Betroffene der Jetzt-ist-sowieso-alles-egal-Krankheit neigen dazu, bei der kleinsten Übertretung ihres selbst auferlegten Diätprogramms vollständig zu kapitulieren und reinzuhauen wie Ferkels Willem. Auch wenn die Sünde nur im Verzehr eines kleinen Stückchens Schokolade gelegen hat, ist die Betroffene von sich selbst so enttäuscht, dass sie sich gleich noch eine halbe Buttercremetorte reinzieht. Diätet wird dann wieder morgen. Oder ab Montag, wenn man unter der → *Montagskrankheit* leidet. Aber bis dahin ist alles egal. Oder anders gesagt: alles erlaubt.

Löffelfehlhaltungsschwäche, die

Die Löffelfehlhaltungsschwäche ist besonders häufig in der unmittelbaren Umgebung von Eisdielen zu beobachten, aber auch beim Nachtischessen allgemein. Sie ist daran zu erkennen, dass die Betroffene den Löffel zwar in korrekter Weise (Muldenöffnung oben) zum Dessert führt, ihn füllt, ihn dann aber um 180 Grad dreht, um ihn verkehrt herum in den Mund zu schieben. Dieses bizarre Verhalten ist ebenfalls dem Image der selbstbeherrschten Genießerin geschuldet, die sich ihren Löffel nicht etwa so voll schaufelt, dass sie ihn vorsichtig zum Mund balancieren muss. Nein, sie nimmt nur so kleine Häppchen zu sich, dass sie sogar den Löffel umdrehen kann, ohne dass was runterfällt!

Manisches Kalorienzählen, das

Es gibt Frauen, die die Kalorientabelle besser auswendig können als das Kleine Einmaleins. Den Kaloriengehalt von siebentausend Lebensmitteln rattern sie im Schlaf herunter, die Menge der aufgenommenen Nahrungsmittel können sie auf das Gramm genau bestimmen. So sind sie jederzeit in der Lage, den derzeitigen Stand ihrer Kalorienaufnahme zu benennen. Im fortgeschrittenen Stadium kennen die Betroffenen zusätzlich zur Kalorienzahl auch noch Fett und Zuckergehalt des jeweiligen Lebensmittels. Das Manische Kalorienzählen könnte man als Ausdruck einer klitzekleinen Essstörung interpretieren, natürlich ist es aber einfach nur äußerst praktisch, um den Überblick zu behalten.

Nachtischkleptomanie, die

Die Nachtischkleptomanie ist weit verbreitet und äußert sich darin, dass die Frau kein eigenes Dessert bestellt, weil sie nur mal beim Partner »probieren« will, ihm dann aber die ganze Mousse au Chocolat wegfuttert, was ihr ein weitaus besseres Gefühl gibt, als wenn sie eine eigene gehabt hätte. Denn auch hier greift der Mechanismus des → *Nahrungszerkleinerungswahns*: Je unüberschaubarer die Menge an aufgenommener Nahrung und je weniger definierbar die Portionen, desto weniger fallen sie ins Gewicht.

Nahrungsaufnahmeausredenstörung, die

Bei der Nahrungsaufnahmeausredenstörung führt die Betroffene automatisch zahlreiche Gründe an, warum es ihr jetzt und hier erlaubt ist, irgendetwas zu sich zu nehmen. Als ob sie eine Entschuldigung bräuchte, um etwas essen zu dürfen, erläutert sie ihrem Gegenüber haarklein, dass sie heute erst ein Brötchen, zwei Äpfel und eine Möhre gegessen habe, mittags nicht in der Kantine, anderthalb Stunden inlineskaten gewesen und überhaupt in letzter Zeit kaum zum Essen gekommen sei vor lauter Stress. In leichteren Fällen der Krankheit geben Betroffene nur nach dem Verputzen einer wagenradgroßen Pizza und vor dem Bestellen eines Desserts eine kurze Begründung an, um nicht wie ein Vielfraß dazustehen. In schweren Fällen leiten Betroffene jede noch so winzige Nahrungsaufnahme mit einer Rechtfertigung ein. Für alle, die unter Nahrungsaufnahmeausredenstörung leiden, deswegen hier in aller Deutlichkeit der Hinweis: Auch Frauen müssen essen, um zu überleben!

Nahrungszerkleinerungswahn, der

Beim Nahrungszerkleinerungswahn versucht die Betroffene, die Menge an aufzunehmenden Speisen durch Zerteilen zu minimieren. Symptome sind:

a) Dreimaliges Abbeißen eines einzigen Kartoffelchips.
b) Das manuelle Zerlegen von Croissants oder Keksen in Kleinstbestandteile, bevor sie zum Mund geführt werden.

Der Nahrungszerkleinerungswahn tritt dabei sowohl in der Abgeschiedenheit des Alleinseins als auch in Gesellschaft auf.

Zerkleinert man sein Essen, wenn man alleine ist, dient es dem Selbstbetrug. Denn auf der Packung steht natürlich, wie viele Kalorien ein Keks hat, aber es steht nicht drauf, wie viele Kalorien ein halber Keks oder ein noch kleineres Keksstück hat. Ein halber Keks hat folglich überhaupt keine Kalorien und ein Kekskrümel noch weniger.

Zerkleinert Frau ihr Essen, wenn sie in Gesellschaft ist, dient das zusätzlich dem Fremdbetrug, denn man möchte den anderen weismachen, dass man die Selbstbeherrschung in Person ist, die nicht einfach gierig ganze Chips oder Kekse in sich hineinstopft.

Restefalle, die

Einige Frauen tappen in die Restefalle, in der sie jeden kleinen Essensrest, dessen Aufbewahrung sich nicht lohnt, verputzen. Besonders die Generation, die noch beigebracht bekommen hat, dass man Essen nicht wegwirft, aber auch die Mütter von heute sehen sich oft gezwungen, das aufzufuttern, was die Kinder auf den Tellern zurücklassen. Egal, ob Hunger und Appetit, oder eben nicht – da werden übriggebliebene Fischstäbchen und Apfelschnitze, Brotkanten und Berge von Kartoffelpü in sich hineingestopft. Das geht natürlich irgendwann auf die Hüfte. Abhilfe schafft eine Batterie kleiner und kleinster Frischhalteboxen, in denen man die Reste in den Kühlschrank stellen kann, bis sie am nächsten Tag gegessen oder nach Ablauf der Haltbarkeit mit gutem Gewissen entsorgt werden können.

Schlechtwetterprovokation, die

Die Schlechtwetterprovokation ist definiert als grundsätzliches und demonstratives Übriglassen von einem

Rest auf dem Teller. Unabhängig vom Grad des Genusses und der eigenen Sättigung lassen Betroffene auch lächerlich kleine Speisereste wie eine Ravioli oder drei Pommes übrig, um zu zeigen, wie diszipliniert sie sind.

Taktile Nahrungsaufnahme, die

Die Taktile Nahrungsaufnahme ist eine ernährungswahnsinnige Absonderlichkeit, die durch US-amerikanische Filme und Fernsehserien (wie zum Beispiel *Beverly Hills 90210*, *Ally McBeal*) nach Europa gekommen ist und Frauen dazu bewegt, zum Zwecke der Vortäuschung normaler Essgewohnheiten ihre Nahrung

a) einfach nur in der Hand zu halten,
b) die Nahrung auf dem Teller mit der Gabel hin und her zu schieben,
c) das Essen zwar auf die Gabel zu spießen, aber nur, um damit herumzufuchteln.

Allen drei Symptomen gemeinsam ist, dass das Essen nie den Weg zum Mund findet.

Telepathische Nahrungsaufnahme, die

Bei der Telepathischen Nahrungsaufnahme kann es bei einigen wenigen Frauen mit spezieller Veranlagung dazu kommen, dass sie allein das Betrachten von Speisen und das Imaginieren von Essen sättigen, während der Rest der weiblichen Spezies beim Anblick von Leckereien nur eines bekommt: Hunger.

Falsche-Kerle-Magnetismus, der

Es gibt Frauen, die unter einer wirklich hinderlichen Störung leiden: dem Falsche-Kerle-Magnetismus. Der führt dazu, dass sich Betroffene immer die Männer heraussuchen, die

a) unter Bindungsangst leiden,
b) nicht treu sind,
c) sie ausnutzen,
d) totale Egoisten sind,
e) ihnen schlicht nicht guttun.

Eine Heilung vom Falsche-Kerle-Magnetismus ist leider nicht so leicht herbeizuführen. Denn einmal an den Falschen geraten, der auf dem Selbstwertgefühl einer Betroffenen herumgetrampelt ist wie ein bayerischer Bursche beim Schuhplattler, muss diese sich erst mühsam wieder aufrappeln und sich selbst davon überzeugen: Ich habe etwas Besseres verdient! Und das hat sie definitiv.

Feminine Aufmerksamkeits-Defizit-Störung, die

Viele Frauen sind nicht in der Lage, länger als 30 Sekunden den Ausführungen über die digitalen Funktionen einer Kamera, die Arbeitsschritte eines Kolbenmotors oder den Reiz des Karpfenangelns zu folgen. Diese Krankheit ist als Feminine Aufmerksamkeits-Defizit-Störung (FADS) bekannt. Die meisten Betroffenen vertuschen diese Störung, indem sie während des Gelabers in sozial verträglicher Frequenz nicken und Laute wie »mmmh« und »ach so« von sich geben, während sie konzentriert in die Ferne starren, zur aktuellen *InTouch* auf dem Wohnzimmertisch. Ähnliche Symptome wurden beobachtet während Erläuterungen zum Unterschied zwischen Asteroid, Meteorit und Komet, zur Lebensweise der afrikanischen Klippschliefer und zu Strategien der Altersvorsorge (siehe auch → *Akutes Altersvorsorgeversagen*). Selbst wenn die Betroffene am Anfang des Gesprächs noch voller Motivation ist, diesmal aber wirklich genau aufzupassen, schweifen ihre Gedanken während des Vortrags automatisch ab. Dabei scheinen eine Reihe von Schlüsselwörtern eine Rolle zu spielen, bei deren Erwähnung ihre Aufmerksamkeit abrupt endet, wie zum Beispiel

a) Relegationsrunde,
b) Differentialquotient,
c) Relais,
d) Destillationsverfahren,
e) Geldmarktfonds.

Die Aufmerksamkeit setzt meistens erst wieder ein beim Schlüsselsatz: »Hast du das verstanden?«, worauf die Betroffene meist, um sich den Sermon nicht ein zweites Mal anhören zu müssen, antwortet: »Klar, habe ich. Aber mach du das doch lieber, du kannst das viel besser.«

Fettmagnetismus, Unerklärlicher, der

Vom Unerklärlichen Fettmagnetismus sind erstaunliche 95 Prozent aller Frauen betroffen! Er äußert sich darin, dass jedes Fettmolekül in einem Radius von zehn Schritten von den eigenen Hüften wie von einem Magneten angezogen wird, und führt dazu, dass nichts besser und schneller fluppt als das Zunehmen.

Weiberwahnsinnige Sprichwörter
Wie zerronnen, so gewonnen.

Figürchenneid, der

Eine sehr weit verbreitete und total verständliche Frauenkrankheit ist der Figürchenneid. Das »Figürchen« wird definiert als weibliche Figur trotz eines Body-Mass-Index von 20. Ein Figürchen ist dünn und kurvig und naturgegeben (im Gegensatz zum Begriff »Modelmaß«, übrigens, der das Wort »heruntergehungert« assoziiert). Der Satz »Die hat ein richtiges Figürchen« kann, besonders wenn er Rivalinnen betrifft, bei Betroffenen zu extremer Halsschwellung führen, denn es ist völlig klar, dass ein Figürchen für einen selbst so unerreichbar bleibt wie die Gratiszusendung der neuesten Chanel-Kollektion. Hier sei die Konzentration auf die innere Schönheit angeraten. Vielleicht findet man bei der Rivalin ja fiese Charakterzüge, die zu dem hübschen Äußeren so gar nicht passen wollen. Wie zum Beispiel Neid.

Fingernagelobsession, die

Schöne, gepflegte Fingernägel sind eine Zierde für jede Frau. Aber manche übertreiben es mit der Fingernagelpflege und haben einen geradezu obsessiven Tick, der sie dazu bringt, ständig ihre Fingernägel zu betrachten, zu feilen, zu lackieren, abzulackieren, neu zu lackieren, Nagelhaut zurückzuschieben, und die Nägel immer wieder anzuschauen und zu mustern, mit gespreizten Fingern von oben, mit gekrümmten Fingern von unten, auf dem Tisch liegend oder durch die Luft fliegend beim Gestikulieren. Eine Sonderform der Fingernagelobsession ist die Verzierung der Fingerenden mit zentimeterlangen, knallbunten Plastikkrallen, die auf dem Smartphone nervenaufreibend und unaufhörlich klackern und jede körperliche Arbeit so gut wie unmöglich machen. Diese modische Vorliebe ist schon sehr speziell und kaum heilbar. Aber eines sei zur Beruhigung der Angehörigen gesagt: Nägelkauen ist schlimmer.

Fleißiges-Bienchen-Syndrom, das

Während Männer in der Regel überhaupt keine Probleme damit haben, sich auszuruhen, während andere schuften, können Frauen mit Fleißiges-Bienchen-Syndrom das nicht. Selbst wenn die Betroffene den ganzen Tag lang in Haus und Hof robotet hat, legt sie sofort die Zeitung aus der Hand und springt auf, wenn ein Familienmitglied sich anschickt, den Tisch abzuräumen oder die Einfahrt zu fegen oder die Spülmaschine auszuräumen. Sofort wurschtelt sie mit, was der Partner wiederum gern als Zeichen dafür interpretiert, dass sie die Arbeit lieber selbst machen will, und er sie ihr womöglich sogar wegnimmt, woraufhin er sich diskret zurückzieht.

Fotoinduzierte Makelkonzentration, die

Bei der Fotoinduzierten Makelkonzentration ist die Betroffene nicht in der Lage, ein Foto von sich selbst zu betrachten, ohne auf sämtliche störende Elemente zu achten und andere darauf hinzuweisen. Wie bei einem Fehlersuchbild wird sie sofort

a) ihre Frisur (»Bah, meine Haare sind ja total platt!«),
b) ihr Kinn (»Oh mein Gott, ist das groß!«),
c) ihren Gesichtsausdruck (»Ich sehe ja aus, als würde ich gleich heulen!«)

als äußerst unvorteilhaft identifizieren und all diese Makel lautstark ihrer Umgebung mitteilen. Einwände, dass sie doch aber auf dem Foto hübsch aussähe, wird sie nicht gelten lassen, schließlich hat sie ja Augen im Kopf und weiß, was sie da sieht! Ein weiteres Symptom der Fotoinduzierten Makelkonzentration ist, dass Betroffene nur die eigenen Schönheitsfehler sehen können, aber nicht in der Lage sind, die Makel der anderen wahrzunehmen. Im Gegenteil: Betroffene erachten in der Regel alle anderen als hübsch und gut getroffen, nur sich selbst eben nicht. Eine fortgeschrittene Fotoinduzierte Makelkonzentration kann sich sogar zu einer → *Fotophobie* auswachsen.

Fotophobie, die

Fotophobikerinnen sind der Überzeugung, dass sie – und nur sie allein – auf Fotos immer blöd aussehen. Deswegen lassen sie sich gar nicht oder nur unter größtmöglichem Widerstand fotografieren, wobei sie dann eine Schnute ziehen, sobald das Blitzlicht zuckt, um zu demonstrieren, wie sinnlos und gemein das fotografische Unterfangen ist. Und so wird sie auf dem Foto vermutlich tatsächlich blöd aussehen, womit der Beweis gesichert wäre, dass ihre Fotophobie total gerechtfertigt ist (»Hab ich es euch nicht gesagt?«).

Fotosucht, die

Das Gegenteil der Fotophobikerin ist die Fotosüchtige, die sich wie ein verhindertes Germany's Next Topmodel mit unmöglichen Posen in jedes Bild drängt. Die japanische Variante der Fotosucht beinhaltet außerdem das Posieren an besonders pittoresken Stellen der Natur wie etwa in der Meeresbrandung, an Wasserfällen oder unter blühenden Kirschbäumen, wobei die Fotosüchtige gern Blüten oder Wassertropfen mit der Hand aufwirbelt, um dem Bild eine besonders romantische Note zu verleihen.

Freiwillige Kosmetikabstinenz, die

Bei der Freiwilligen Kosmetikabstinenz kommt es aus freien Stücken zu einer Entsagung der Segnungen der kosmetischen Industrie und der Weigerung, Foundation, Puder oder Wimperntusche zu benutzen, weil die angeblich die natürliche Schönheit entstellen. Was selbstverständlich Quatsch ist. Diese Krankheit ist genauso inakzeptabel wie der → *Schminkwahn*, der Frauen dazu bringt, selbst eine Wüstendurchquerung oder einen Dschungeltreck nur mit einem Pfund Schminke im Gesicht anzutreten.

SONDERTEIL Frisurenwahnsinn

Frauen und ihren Haaren soll an dieser Stelle ein extra Kapitel gewidmet werden, da es – außer des Körpergewichts – nichts gibt, was derartige und unverzügliche Auswirkungen auf die Laune ausübt wie die eigene Frisur. Natürlich liegt der Grund dafür darin, dass das Haar der wichtigste natürliche Schmuck der Frau ist, dessen Pflege größtmöglicher Aufmerksamkeit bedarf. Nicht wenige Frauen übertreiben es dabei aber ein klitzekleines bisschen.

Weiberwahnsinnige Sprichwörter
Haare gut, alles gut.

Dicke-Haare-Neid, der

Der Dicke-Haare-Neid betrifft häufig Frauen mit dünnem, feinem Haar, das zu nichts weiter taugt als zu einer Nullachtfünfzehn-Kurzhaarfrisur oder zum Sleek-Look, weil sich das Volumen beim kleinsten Windstoß verflüchtigt. Solche vom Haarschicksal benachteiligte Frauen wünschen sich nichts sehnlicher als dicke Haare.

Feine-Haare-Neid, der

Der Feine-Haare-Neid betrifft häufig Frauen mit dickem Haar, das stundenlang geföhnt werden muss, um es trocken zu kriegen, und dessen Form sich beim kleinsten Windstoß verflüchtigt und nach allen Seiten absteht. Solche vom Haarschicksal benachteiligte Frauen wünschen sich nichts sehnlicher als feine Haare.

Fummelfimmel, der

Die allermeisten Frauen können ihre Finger nicht von ihren Haaren lassen. Der Fummelfimmel kann dabei unterschiedliche Gründe und Ausprägungen haben:
a) Nervosität
Dem Nervösen Fummelfimmel wird das *Haarsträhnenzwirbeln* zugeschrieben. Dabei werden einzelne Haarsträhnen um den Finger gewickelt und immer weiter gedreht. Ursache für diese Angewohnheit ist in den meisten Fällen der → *Verunsicherungsmodus*: Eine winzige Geste oder Bemerkung reicht aus, um die Betroffene zu verunsichern. Man sollte diesem Tick nicht zu oft nachgeben und nicht zu intensiv folgen, weil heftiges Haarsträhnenzwirbeln leicht neurotisch wirken und zudem den unangenehmen Nebeneffekt haben kann, dass die Haare dabei herausgerissen werden.

b) Aufmerksamkeitserregung

Zum Aufmerksamkeitserregen verwenden Frauen mit langen Haaren folgende Taktiken: das *Haarsträhnenstreicheln*, bei dem einzelne Strähnen mit einer Hand festgehalten und mit der anderen Hand wie der Schweif eines Pferdes gestriegelt werden;

das *Haarschütteln*, bei dem der ganze Kopf vibrieren muss, um die Mähne einmal locker durchzuschütteln; und natürlich dient auch das *Haarwerfen* dem Erregen der Aufmerksamkeit des anderen Geschlechts. Dabei werden Strähnen, die über die Schulter nach vorn gefallen sind, mit Schwung wieder zurückgeworfen. Manche kombinieren das *Haarwerfen* auch mit dem *Haarschütteln*.

c) Unbewusster Tick

Als Unbewusster Tick gilt das *Imaginäre Haarfummeln*, bei dem die Betroffene Strähnen aus dem Gesicht streicht oder hinters Ohr klemmt, die es gar nicht gibt.

Glatte-Haare-Neid, der

Der Glatte-Haare-Neid betrifft häufig Frauen mit Locken, die sich nur schwer zu so etwas wie einer Frisur bändigen lassen und sich beim kleinsten Wassertropfen oder Windstoß wieder kräuseln. Solche vom Haarschicksal benachteiligten Frauen wünschen sich nichts sehnlicher als glatte Haare.

Haarkürzungskatastrophe, die
Beim Friseur fand man die Idee noch klasse, sich einen sommerlich frischen Pixie-Cut verpassen zu lassen, doch vor dem heimischen Spiegel und vor allem im Blick des Partners erkennt man: Die Haare sind viel zu kurz geworden! Panik macht sich breit, es wird an der Frisur gezupft, als ob das die Haare zum schnelleren Nachwachsen anregen könnte. Die Betroffene ärgert sich, dass sie dem Friseur freie Hand gelassen oder ihn aus irgendeinem unerfindlichen Grund auch noch dazu ermutigt hat, immer mehr abzuschneiden. Die Haarkürzungskatastrophe kann dabei durchaus einige Zeit anhalten, eben so lange, wie die Haare brauchen, um wieder auf eine angemessene Länge zu wachsen. Zur Linderung der Haarkürzungskatastrophe helfen nur Komplimente von unabhängigen Beobachtern. Oder eine schicke Mütze.

Haarpflegemittelkaufsucht, die
Ob Shampoo, Conditioner, Styling Cream, Styling Gel, Haarpuder, Haarspray, Haarschaum, Haarmaske, Haarwachs, Texturizer, Ansatzspray, Hair Shaper, Haarspitzenfluid, Haarkur, Schimmer-Glitter-Spray, Glanz-Serum, Glättungsbalsam – der Haarpflegemittelkaufsüchtigen entgeht kein neues Haarpflege- oder Stylingprodukt im Drogeriemarkt, und sie lässt nichts unversucht, um ihrem Haar endlich das gewisse Extra zu verleihen.

Kolorierungswahnsinn, der

Das Färben von Haaren kann sich bei manchen Frauen zu einer Obsession auswachsen, die dazu führt, dass sie

a) ihre Haarfarbe so oft wechseln wie andere ihre Bettwäsche,
b) jede Warnung ihres Friseurs vor Schädigungen der Haarstruktur in den Wind schlagen,
c) den Friseur nötigen, dem Haupthaar mehr als zwei Farben gleichzeitig zu verpassen,
d) eigenmächtig auch Kolorationen vom Farbton Cassis oder Aubergine auftragen, wobei es leicht zu einem Schockerlebnis kommen kann, wenn man die Tönungscreme ausgewaschen hat und feststellen muss, dass die neue Haarfarbe einen in etwa so verschönert wie ein Clownsperücke.

Locken-Neid, der

Der Locken-Neid betrifft häufig Frauen mit glattem Haar, das sich noch nicht einmal wellt, wenn man es mit der Rundbürste bearbeitet, und das auch mit Lockenwicklern nur für eine Nanosekunde zum Aufrollen bewegt werden kann. Solche vom Haarschicksal benachteiligte Frauen wünschen sich nichts sehnlicher als Locken.

Nachbesserungssucht, die

Viele Frauen sind nie hundert Prozent mit ihrer Frisur zufrieden und versuchen sie unter akuter Gefahr der Verschlimmbesserung weiter zu optimieren. Dazu fährt die Hand in regelmäßigen Abständen aus, um den Sitz der Frisur zu überprüfen, bis man irgendwann das Gesamtkunstwerk endgültig zerstört hat. Was dann wiederum dazu führt, dass die Betroffene sich darin bestätigt sieht, wie wahnsinnig wichtig es ist, die Frisur nachzubessern. Auch beliebt ist das ständige Nachtoupieren mit der Hand aus Angst vor Volumenverlust, bis irgendwann die Haare so zerzaust sind, dass ein Adler sein Nest darin bauen könnte.

Nachschneidewahnsinn, der

Der Nachschneidewahnsinn äußert sich in dem zwanghaften Bedürfnis der Betroffenen, sofort im Anschluss an den Friseurbesuch selbst Hand an die Frisur zu legen. Im einfachsten Fall werden die Haare bloß gewaschen und neu gefönt. Im schlimmsten Fall greifen Betroffene sogar zur Schere und schnippeln eigenmächtig an der Frisur herum. Der Grund dafür ist entweder, dass

a) die Spiegel beim Friseur gelogen haben,
b) man selbst beim Friseur gelogen hat, indem man kommentierte, die Frisur sähe super aus, obwohl man schon festgestellt hatte, dass das Ergebnis suboptimal wird, aber der Friseur es sowieso nicht kapiert hätte oder man nicht als schwierige Nörgelkundin dastehen wollte.

Starfriseureinschleimerei, die

Wenn es um einen Termin bei einem angesagten Starfriseur geht, verlieren manche Frauen alle Hemmungen und geben alles, aber auch wirklich alles dafür, um sich einmal die Haare von Udo Walz & Konsorten schneiden zu lassen. Betroffene der Starfriseurschleimerei becircen auch entfernte Bekannte, die mit entsprechenden Verbindungen zur Coiffeur-High-Society aufwarten können, mit kleinen und großen Aufmerksamkeiten, um sie dazu zu bringen, beim Starfriseur ein gutes Wort für sie einzulegen und ihr einen Termin zu verschaffen. Um dann möglichst bald selbst eine begehrte Freundin mit Verbindungen zur Coiffeur-High-Society zu werden.

Gedankenflucht, die

Die Gedankenflucht äußert sich bei Betroffenen darin, dass sie sich nie einhundert Prozent auf einen Vorgang konzentrieren können, weil ihre Gedanken ständig abschweifen und von einem Thema zum nächsten springen wie ein Eichhörnchen auf der Jagd nach Nüssen, die ziemlich oft Allergien auslösen, wovon ja auch der Heiner ziemlich schlimm betroffen ist, was seiner Frau das Kochen schwermacht und … Äh … Bei der Gedankenflucht im Allgemeinen denkt die Betroffene häufig darüber nach, was sie noch alles erledigen müsste, könnte oder wollte (siehe auch → *To-do-Listen-Endlosschleife*). Es kann sich aber auch um eine völlig sinnlose Verkettung von Gedanken handeln, die durch ein Schlagwort in Gang gesetzt wird und innerhalb von drei Sekunden vom Thema Stulpen über Aerobic zu Jane Fonda zu Facelifting zu Tschechien zur EU-Osterweiterung gelangen kann.

Die Gedankenflucht ist ein sicheres Zeichen für Überlastung und besonders bei Smartphonebesitzerinnen mit einem betreuungsintensiven Social-Network-Account ausgeprägt. Aber auch bei Müttern besteht ein stark erhöhtes Risiko für Gedankenfluchtattacken, schließlich müssen sie sich den ganzen Tag undurchschaubare und nicht nachvollziehbare Geschichten darüber anhören, wer angefangen hat, mit dem LEGO zu schmeißen, oder wer zuerst gehauen hat oder wessen Idee es war, die Laugenbrezeln hinter dem Sofa zu zerbröseln. Da kann es schon mal vorkommen, dass sich die eine oder andere Mutter das Abschweifen in Gedanken angewöhnt (siehe auch → *Durchzugsohren*). In einem fortgeschrittenen Stadium der Gedankenflucht, wie im folgenden Beispiel, wird dringend Urlaub empfohlen.

Sicheres Anzeichen für Gedankenflucht im Endstadium

Oh ja, tiefer, fester, das ist geil, woher hat Leon wohl das Wort geil? Bestimmt von diesem Marvin, dessen Mutter ist ja auch total unsympathisch, ach nee, das war die Mutter von Luisa, die mit dem komischen Leberfleck, damit würde ich mal zum Arzt gehen, der Kollege von Astrid ist auch tot, Krebs, so ein Mist, kann echt jeden erwischen, auf meiner Beerdigung sollen jedenfalls alle bunte Klamotten anziehen und ich wünsche mir, dass Peter die Grabrede …

»Du weinst ja, Schatz.«

»Äh, was? Ach so. Ja, du warst einfach so gut.«

Gedankenlese-Erwartungshaltung, die

Obwohl Männer bekanntermaßen unter *Andeutungs-Resistenz* (siehe *Männerkrankheiten*, Ullstein 2012) leiden, hoffen viele Frauen immer noch darauf, dass der Partner von selbst merkt, wie es ihnen geht und was sie sich wünschen. Wenn er es nicht bemerkt, sind sie enttäuscht. Und weil er auch von ihrer Enttäuschung von sich aus nichts bemerkt, legen sie noch eine Schippe drauf und demonstrieren so lange ihre Kränkung, bis er irgendwann rafft, dass sie sauer sind. Und ehe man sichs versieht, hat man einen Riesenstreit am Hals, weil Männer oft partout einfach nicht einsehen wollen, dass es nur ihre Schuld ist. Und angesichts der folgenden Megakrise stellt die Betroffene mal wieder fest, dass das Aussprechen von Wünschen und Erwartungen auch gar nichts bringt. Deswegen ist es besser, einfach still zu sein und zu warten, ob er nicht doch mal von selbst auf die Idee kommt, im Haushalt zu helfen oder die Hecke zu schneiden oder zu fragen, ob es ihr *wirklich* recht ist, wenn seine Mutter übers Wochenende kommt.

Gehirnschmelze, die

Die Gehirnschmelze tritt häufig dann auf, wenn sich ein attraktiver Mann nähert und Interesse an einem verbalen Austausch signalisiert. Im besten Fall ist die Gehirnschmelze ein taktisches Manöver, bei dem die Betroffene vorgibt, keine Ahnung von der Abseitsfalle oder Binärzahlen zu haben, um dem Mann das schmeichelnde Gefühl von Überlegenheit zu vermitteln. Im schlimmsten Fall ist die Gehirnschmelze aber alles andere als taktisch und von Vorteil. Dann nämlich, wenn

a) die Betroffene alles vergisst, was sie sich zu sagen vorgenommen hat,
b) sich plötzlich auch jeder andere klare Gedanke verflüchtigt,
c) die Betroffene nicht einen einzigen geraden Satz herausbringt, sondern nur noch herumstammelt und/oder blödsinnig kichert.

Gelegentlich hilft ein großer Schluck Caipirinha gegen die akute Gehirnschmelze. Aber bekanntlich birgt der Konsum alkoholischer Getränke auch ein gewisses Risiko, siehe → *Promillebedingte Streitprovokation*. So bleibt der Betroffenen nur, darauf zu hoffen, dass der Angebetete

a) genau auf ihr unsicheres Gestammel abfährt oder
b) selbst von Gehirnschmelze betroffen ist.

Aber bis die Betroffene erfährt, wie ihr idiotischer Auftritt auf ihn gewirkt hat, wird sie sich in der Regel mit Selbstvorwürfen martern, sobald ihr Hirn die Arbeit wieder vorschriftsmäßig aufgenommen hat.

Gehaltsverhandlungsschwäche, die

siehe → *Honorarverhandlungsschwäche*

Gelächterinduzierte Unsicherheit, die

Bei der Gelächterinduzierten Unsicherheit lässt sich die Betroffene von jedem Lachen, das in einem Umkreis von achthundert Metern zu hören ist, aus der Fassung bringen. Ob sie an einem Straßencafé vorübergeht, in der Bahn sitzt oder sich gerade am Pralinentresen eine schöne Kollektion Marzipankonfekt zusammenstellen lässt: Ertönt das leiseste Kichern in ihrer Nähe, überlegt die Betroffene sofort, ob man über ihren Bleistiftrock lacht, der viel zu eng ist, um überhaupt in der Nähe von Pralinen zu stehen, oder ob ihre Frisur nicht doch lächerlich ist oder ob sie Klopapier am Absatz kleben hat. Die Folge: aufflammende Schamesröte, hektisches Umgucken und erhöhte Fluchtbereitschaft. Die Gelächterinduzierte Unsicherheit ist extrem weit verbreitet. Ein Gegenmittel gibt es nicht. Aber häufig wächst sich die Krankheit im Laufe der Jahrzehnte aus. Typischerweise verläuft die Gelächterinduzierte Unsicherheit so:

- Mit 15 Jahren flüchtet man, so schnell es geht, vor dem Lachen.
- Mit 25 zieht man sich sofort in eine stille Ecke zurück und überprüft hektisch das eigene Erscheinungsbild auf eventuelle Macken.
- Mit 35 geht man das Ganze selbstbewusst-kampfeslustig an und schleudert ein prophylaktisches »Ihr seht auch nicht besser aus, ätsch!« in die verblüffte Menge.
- Mit 45 registriert man das Lachen zwar, denkt aber patzig: Das kann meinem Selbstbewusstsein gar nichts, dass ihr über mich lacht, ihr dummen Puten.
- Mit 55 weiß man, dass die Wahrscheinlichkeit, dass wirklich über einen gelacht wird, extrem gering ist. Und wenn doch, dass es einem ziemlich schnurz wäre. Im Vergleich zu früher jedenfalls, wo man jetzt eine Panikattacke erlitten hätte.
- Mit 65 hat sich das Gehör so weit verschlechtert, dass man eh kaum noch mitkriegt, was um einen herum passiert.

- Und hört man mit 75 ein Lachen in der Nähe, freut man sich über die Aufmerksamkeit, die einem zuteil-wird, weil man es auf den letzten Meter doch noch geschafft hat, exzentrisch zu werden.

Gewichtskontrollwahnsinn, der
Das Beschäftigen mit der eigenen Figur ist zentraler Bestandteil des weiblichen Lebensinhalts. Doch manche Frauen entwickeln bei der Gewichtskontrolle durchaus manische Züge. Es gibt vier gängige Arten der Gewichtsprüfung: technische, optische, manuelle und taktile. Alle Verfahren haben gemeinsam, dass sie fast ausschließlich heimlich und privat durchgeführt werden, denn selbst die wahnsinnigste Gewichtskontrollfanatikerin hat in der Regel noch einen Funken Verstand und scheut öffentliches Wiegen wie die Pest.

Technischer Gewichtskontrollwahnsinn
Die technische Gewichtskontrolle mittels einer Personenwaage ist am weitesten verbreitet. Wöchentliches Wiegen ist noch kein Anlass zur Sorge. Tägliches Wiegen mag schon etwas übertrieben sein, ist aber noch tolerabel. Bei folgenden Verhaltensweisen ist aber auf jeden Fall von einer pathologischen Verhaltensänderung auszugehen: Steigt die Betroffene morgens, mittags, abends, nach jeder Zwischenmahlzeit und jedem Wasserlassen auf die Waage, sind das eindeutige Symptome von *Wiegezwang*.

Die Grenze zum Wahnsinn wird ebenfalls überschritten, wenn sich die Betroffene nur unter strengster Einhaltung einer ausgeklügelten Zeremonie auf die Waage stellt.
Der *Zeremonielle Wiegezwang* äußert sich zum Beispiel so:
Bei der Benutzung hat die Waage ihren festen Platz auf der dritten Kachel rechts neben der Toilette. Die Betroffene nimmt die Ruheposition vor der Waage ein und sammelt sich für das Ritual, bevor sie vorsichtig den linken Fuß auf die Wiegefläche setzt, mit der Ferse in der Mitte des linken unteren Quadranten. Das Knie leicht gebeugt, verlagert sie nun langsam das Gewicht auf den linken Fuß. Mit Einsetzen des Mantras »Bitte nicht über siebzig, bitte nicht über siebzig …« wird nach und nach das rechte Bein entlastet, bis der Fuß im Abstand von acht Zentimetern neben dem anderen auf der Waage steht. Das Mantra wird weiter geflüstert, während die Betroffene gebannt auf die Anzeige starrt. Ist das Ergebnis ein gutes, beendet die Betroffene das Ritual mit einem erleichterten Seufzen. Ist es ein weniger gutes, weil mehr als gestern, wird die Zeremonie an einer anderen Stelle im Badezimmer wiederholt, in der Hoffnung, dass sich das erste Ergebnis als Irrtum herausstellt. Was es meistens nicht tut.

Manueller Gewichtskontrollwahnsin

Die Manuelle Gewichtskontrolle ist weit weniger objektiv als die technische. Hierbei wird mittels der eigenen Hand die Speckrollendicke gemessen, die sich zwischen Daumen und Fingerspitzen fühlen lässt. Dieses Verfahren nennt man »Abgreifen«. Üblicherweise nutzt die Betroffene des Manuellen Gewichtskontrollwahnsinns eine unter stets gleichen Rahmenbedingungen wiederholbare Sitzposition, um die Speckrollendicke zu messen: auf der Toilette. Gelegentlich wird aber auch heimlich beim Essen unter der Tischkante abgegriffen, um herauszufinden, ob man noch einen Nachtisch essen kann. Ist natürlich totaler Schwachsinn, weil total subjektiv. Aber man kann ja schlecht in jeder Situation die Waage herausholen!

Visueller Gewichtskontrollwahnsinn

Bei der Visuellen Gewichtskontrolle verlässt man sich auf sein Spiegelbild, was eine äußerst unzuverlässige Überwachungsmaßnahme ist. Denn wie jeder weiß, ist Spiegel nicht gleich Spiegel. Würde ich mich auch nur ansatzweise für Physik interessieren (Euphemismus für »kapieren«), würde ich an dieser Stelle etwas Schlaues über Lichtbrechung und Spiegelkrümmung sagen, die dafür verantwortlich sind, dass man in einigen Spiegeln dünner und in anderen dicker erscheint. Aber ich sage es so, dass ich selbst es auch verstehe: Es gibt nette Spiegel, doofe

Spiegel und bösartige Spiegel. Während man in einigen Spiegeln wie ein Victoria's-Secret-Engel daherkommt, erreicht man in anderen locker die Ausmaße einer Cindy aus Marzahn. Fraglich ist, was besser ist: die bösartigen Spiegel zu meiden und seinem schlanken Selbst ein Softeis zu gönnen, oder die netten Spiegel zu umgehen und seine Diät (vielleicht) durchzuhalten …?

Taktiler Gewichtskontrollwahnsinn
Liegt Taktiler Gewichtskontrollwahnsinn vor, lehnt die Betroffene sämtliche andere Verfahren der Gewichtskontrolle ab und verlässt sich lediglich auf die Oberflächensensibilität der Haut in ihren Klamotten. Anders gesagt: Solange die Lieblingsjeans passt, ist alles in Ordnung. Ist es aber nicht immer. Denn Jeans weiten sich. Besonders die mit Stretchanteil. Deswegen ist verstärkt vom Taktilen Gewichtskontrollwahnsinn abzuraten, weil er extrem unzuverlässig ist.

Glashaus-Steine-Syndrom, das

Eine Betroffene des Glashaus-Steine-Syndroms bezieht jede Kritik an anderen erst einmal auf sich selbst und überlegt bei jedem Lästerthema, zu dem ihre Meinung gefragt ist, ganz genau, ob sie sich in dem entsprechenden Zusammenhang immer korrekt verhalten hat und ihr eine

Meinungsäußerung überhaupt zusteht – ganz nach dem Motto »Wer im Glashaus sitzt, soll nicht mit Steinen schmeißen«.

Beispiel 1:

Frau: »Dieser ärmellose Rollkragenpullover von Frau X stand ihr ja wohl überhaupt nicht.«

Betroffene: »Ich hatte letztens auch einen ärmellosen Rollkragenpulli an.«

»Bei *dir* sah der auch gut aus.«

»Sicher? Ich weiß nicht …«

Beispiel 2:

Frau: »Frau Y redet immer viel zu viel, findest du nicht auch?«

Betroffene: »Aber ich rede doch auch manchmal zu viel.«

Hier ein wichtiger Hinweis: Man muss nicht in allem perfekt sein, um eine Kritik äußern zu dürfen!

Große-Füße-Scham, die

Die Große-Füße-Scham liegt vor, wenn Frauen ihre Schuhgröße über 40 vertuschen wollen. Das Leiden ist wegen der allgemein verbreiteten Behauptung, Schuhgröße 37 bis 39 sei das weibliche Idealmaß, bei den Frauen mit größeren Füßen verbreitet. 40 geht noch gerade so durch, aber ab Schuhgröße 41 ist Schluss mit lustig: Beim Bowling muss sie Männerschuhe ausleihen, im Schuhgeschäft ein Stockwerk höher fahren, noch höher müssen nur die Männer. Und angesichts der erbärmlichen Auswahl schießen ihr Gedanken durch den Kopf wie

a) die Pumps in 41 könnte ein Kleinkind als Rutsche benutzen,
b) die Wedges sehen aus wie orthopädische Sonderanfertigungen,
c) mit den Stiefeln in 42 komme ich mir vor wie Goliath auf dem Weg in die Schlacht.

Für viele Frauen mit Große-Füße-Scham gilt der Grundsatz: Lieber in 40 quetschen und Hammerzehen riskieren als zuzugeben, dass man große Füße hat. Die Große-Füße-Scham führt nicht nur zu schmerzhaften Knochenverformungen, sondern auch dazu, dass Frauen die Fußspitzen beim Stehen oder Gehen nach innen richten, in der Hoffnung, dass man ihnen nicht ansieht, dass sie »auf großem Fuß« leben. Als Therapie bei Große-Füße-Scham hat sich bewährt, sich zu vergegenwärtigen, dass

a) es oft nur deshalb so wenige Schuhe in 41 oder 42 gibt, weil sie so begehrt sind und
b) große Füße kein Hindernis sind, reich und berühmt zu werden (siehe Stars wie Audrey Hepburn, Heidi Klum, Joss Stone, Krysten Ritter, Kate Winslet, Milla Jovovich, Uma Thurman und Elle Macpherson).

Gürteltaktik, die

Die Gürteltaktik wird von manchen Frauen zur Einschränkung der Nahrungsaufnahme gewählt. Dabei schließt die Betroffene den Gürtel extra in einem zu engen Loch, um sich beim Essen ständig daran zu erinnern, dass sie abnehmen will. Klappt natürlich nicht wirklich, wo das Essen doch sooo verführerisch aussieht und sooo lecker ist! Eines erreicht die Betroffene aber in jedem Fall: Essen mit eingequetschten Eingeweiden ist nur der halbe Genuss. Zumindest was den Spaßfaktor angeht, ist das dann schon so gut wie eine Diät.

Handcremesucht, die

Handcremesucht ist eine für Männer absolut unverständliche Macke, die sich darin äußert, dass sich Frauen andauernd die Hände eincremen und Handcreme als unentbehrlichen Begleiter ansehen, dessen Vergessen mit sofortigem Spontankauf kompensiert werden muss. Die Macke hat ihren Ursprung darin, dass

a) Frauen sich darüber im Klaren sind, dass man das Alter an den Händen abliest und deswegen alles für deren Pflege getan werden muss und
b) Frauen die meiste Hausarbeit bewältigen, wozu (für Männer manchmal schwer verständlich) *auch* Spülen und Kochen und Putzen gehört, was die Hände eben ziemlich strapaziert.

Deswegen gilt Handcremesucht genau genommen als wirklich völlig normale Angewohnheit. Jedenfalls, solange Frau nicht jeden Abend mit cremegetränkten Baumwollhandschuhen oder mit fettigen und mit Frischhaltefolie bandagierten Händen zu Bett geht.

Handtaschenarm, der

Auch genannt *Victoria-Beckham-Syndrom*.

Victoria Beckham ist das prominenteste Opfer des Handtaschenarms: Der Arm muss im Ellenbogengelenk um exakt neunzig Grad angewinkelt gehalten werden, die

Handfläche zeigt nach oben. Die krankhafte Armhaltung konnte mittlerweile bei Millionen weiblicher Opfer diagnostiziert werden. Zu Beginn dieser orthopädischen Idiotie erfüllt der Handtaschenarm den Zweck, die neue XXL Louis Vuitton aus Istanbul (oder in Victorias Fall: aus Paris) nicht nur zu transportieren, sondern auch gut zur Geltung zu bringen. Bei dauerhafter Fehlstellung aber verkrampfen die Muskeln irgendwann derart, dass der Arm keine andere Position mehr einnehmen kann. Weil der Handtaschenarm ohne Handtasche daran aber noch beknackter aussieht, bleibt den Betroffenen gar nichts anderes übrig, als sich eine Handtasche daranzuhängen. Ein Teufelskreis! Da helfen nur noch ein heißes Schaumbad und eine kräftige Massage, um die verhärtete Muskulatur zu lockern und den Arm wieder beweglich zu machen.

Handtaschenwühlzwang, der

Es gibt zwei Kategorien des Handtaschenwühlzwangs: das *Schlampenwühlen* und das *Vorgetäuschte Handtaschenwühlen*.

Beim *Schlampenwühlen* muss die Betroffene tatsächlich ausgiebig in ihrer steinschweren Handtasche kramen, da sich der gesuchte Lippenstift irgendwo zwischen Taschentüchern, Hustenbonbons, Tampons, Haarbürste, Make-up, Regenschirm, der CD, die sie Julia neulich zurückgeben wollte, einem Pfefferspray, dem Stadtplan von Paris, diversen Kassenbons, einer kleinen Sportflasche Vittel, dem Büroschlüssel, dem Schlüssel zu ihrem Elternhaus, dem Zweitschlüssel ihres Corsas, den sie vor einem Jahr verkauft hat, und einem Schlüssel, dessen Verwendungszweck ihr komplett entfallen ist, versteckt. Ob sie irgendwann tatsächlich auf den Lippenstift stößt oder eher auf eine Versteinerung aus dem Jahr 1987 (war das ein Kaugummi, ein Desinfektionstuch oder doch ein Klumpen Popcorn?), ist dabei ungewiss.

Beim *Vorgetäuschten Handtaschenwühlen* dagegen kramt die Betroffene nur scheinbar in der Handtasche, um etwas zu suchen, denn sie weiß genau, in welchem Fach sich was befindet, weil sie den Inhalt täglich penibel kontrolliert. Das *Vorgetäuschte Handtaschenwühlen* dient deswegen nicht dazu, etwas zu finden, sondern eher dazu, Wartezeit zu überbrücken oder – viel wahrscheinlicher – sich interessant zu machen.

Sowohl das *Schlampenwühlen* als auch das *Vorgetäuschte Handtaschenwühlen* sind unentbehrliche Macken des weiblichen Universums. Das *Schlampenwühlen* hat das Mysterium um den Inhalt einer Frauenhandtasche erst hervorgebracht, dem Männer seither nicht auf den Grund gekommen sind, weil es in seiner ganzen Komplexität noch viel komplexer ist als das lächerlich kleine Geheimnis um die Schotten und ihren Rock. Das *Vorgetäuschte Wühlen* bedient sich genau dieses Mysteriums, indem es Männer ebenfalls zu der Frage reizt: »Was schleppen Frauen eigentlich immer alles in ihrer Tasche mit sich herum?«

Betroffene einer der beiden Macken sollten deswegen in ihrem eigenen und im Interesse aller Frauen das Geheimnis um den Inhalt der Handtasche bewahren, und sphinxhaft die Frage, was bloß alles darin sei, unbeantwortet verpuffen lassen. Denn nichts ist doch attraktiver als ein unergründliches Wesen, dessen Rätselhaftigkeit den Forschungsdrang des Mannes weckt.

Handtaschenzwang, der

Für manche Frauen sind Handtaschen das, was für andere Schuhe sind: ein ewig verlockendes, modisches Accessoire, das durch optische Vielfalt und variable Einsatzmöglichkeiten besticht und von dem man einfach nie genug haben kann und was vor allem niemals nutzlos ist denn in einer Handtasche lässt sich genau das transportieren, was man an diesem Tag braucht oder an einem anderen oder in irgendeiner jetzt noch gar nicht vorhersehbaren Situation, und wie cool ist das denn, wenn man im Wartezimmer der überfüllten Arztpraxis seine Kinder mit Butterkeksen und Caprisonne ruhigstellen oder wenn man beim Date auf einmal ein Pfefferminzbonbon *und* ein Kondom hervorzaubern kann?! Eine Handtasche ist für die Frau wie der Zylinder eines Magiers ist – nur mit viel praktischerem Inhalt als ein weißes Kaninchen. Und ohne sie ist Frau glatt aufgeschmissen. Denn selbst in dem außergewöhnlichen Fall, dass man tatsächlich nur das Nötigste dabeihaben sollte, ist für Frauen eine Handtasche obligatorisch. Portemonnaie und Handy in der Hosentasche zu tragen macht nämlich einfach dick. Und auch wenn Männer sich gern über den Handtaschenzwang lustig machen, stopfen sie auf Partys doch ihren Kram in der Handtasche der Frau. Und weil am Handtaschenzwang darum nicht das Geringste auszusetzen ist, hat er eigentlich auch gar nichts im Katalog des Weiberwahnsinns zu suchen. So.

Häuslicher Realitätsschock, der

Der Häusliche Realitätsschock tritt dann auf, wenn Frau mit einem Hochgefühl vom Shoppen/Friseur kommt, nur, um dann vor dem heimischen Spiegel festzustellen, dass sie in der gelben Stretchjeans wie eine Bananenwurst aussieht und der Friseur mit seinem Oh-das-wird-phaaantastisch-Geschwätz nur das Fransendesaster auf ihrem Kopf hatte überspielen wollen. Siehe auch → *Shoppingkater.*

Heiratsantragsinfektion, die

Die Heiratsantragsinfektion bezeichnet die ansteckende Wirkung von Heiratsanträgen auf die weibliche Umgebung, die dazu führt, dass

a) sich bei unverheirateten Frauen der Wunsch radikalisiert, selbst einen Heiratsantrag zu bekommen,
b) sich bei verheirateten Frauen der Wunsch radikalisiert, der Braut in aller Ausführlichkeit alles, aber auch alles von der eigenen Hochzeit zu erzählen, obwohl sie schon damals alles, aber auch alles von der eigenen Hochzeit erzählt haben,
c) sich bei geschiedenen Frauen der Wunsch radikalisiert, die Braut von ihrem törichten Vorhaben abzubringen oder ihr zumindest mit sarkastischen Bemerkungen den Spaß daran zu verderben,
d) alle heulen.

Hektiksyndrom, das

Das Hektiksyndrom gilt als Überbegriff für eine Sammlung von Symptomen, die viele Frauen befallen und die alle eines zur Folge haben: Die Betroffenen verbreiten Hektik. Dazu zählen unter anderem das → *Schmutzinduzierte Augenstechen*, der → *Schmutzmagnetismus*, der → *Ich-erledige-erst-alles-und-mach-dann-Pause-Schwachsinn*, der → *Last-minute-Outfit-Stress*, die → *Mal-eben-schnell-Krankheit*, die → *Müsseritis* und der → *Perfektionismus*.

Hektische Flecken, die

Hektische Flecken sind temporäre Hautveränderungen in verschiedenen Größen und Rotfärbungen, die sich bei Betroffenen in Stresssituationen in der Öffentlichkeit an Hals, Dekolleté und Wangen zeigen und für jeden deutlich sichtbar machen, dass die Betroffene gerade aufgeregt ist. Was ziemlich ungünstig ist, weil die Hektischen Flecken in der Regel genau dann erscheinen, wenn es ganz besonders unangebracht ist, dass die Aufregung der Betroffenen bemerkt wird. Zum Beispiel beim Sprechen vor anderen: In dem Moment, in dem die Betroffene die Hektischen Flecken erahnt, wird sie noch unsicherer, was ihrer Gesichtsrötung einen neuen, noch heftigeren Schub verleiht. Das Auftreten von Hektischen Flecken entzieht sich leider völlig der Kontrolle der Betroffenen, sogar im Gegenteil: Je mehr sie verhindern will, dass die Flecken erscheinen, desto größer ist das Risiko, dass der Hals am Ende komplett gesprenkelt ist. Dagegen hilft ein gutes Make-up und ein leichtes Halstuch, aber vor allem die eigene Schwäche

a) zu akzeptieren,
b) zu akzeptieren,
c) zu akzeptieren.

Helfersyndrom, das

Das Helfersyndrom bringt Frauen dazu, anderen alles Mögliche abzunehmen, vor allem Arbeit. Männer wissen das. Und manche nutzen es weidlich aus. Eine besondere Komplikation des Krankheitsverlaufs bedeutet es, wenn das Helfersyndrom gepaart mit dem Ich-kann-ihn-ändern-Irrtum (siehe auch → *Umerziehungssucht*) auftritt. Dann ist die Frau der festen Überzeugung, dass sie nur lange genug Tätigkeiten für ihn übernehmen muss, bis er sie endlich begreift und allein schaffen kann. Das wird nur in der Regel nicht passieren, denn bis dahin ist der Mann so daran gewöhnt, dass die Betroffene für ihn mitschuftet, dass sich seine Motivation, sich zu ändern, erst recht verflüchtigt hat.

Henkersblick, der

Da Frauen häufig die direkte verbale Konfrontation besonders mit Geschlechtsgenossinnen vermeiden, haben sie subtilere Mittel entwickelt, um ihre Verachtung auszudrücken. Neben allerlei Aktivitäten, die hinter dem Rücken der verhassten Person stattfinden (siehe → *Lästern*), ist besonders der Henkersblick beliebt, auf dem der Ausspruch »Wenn Blicke töten könnten …« beruht.

Herdentrieb, der

Während sich der Gruppenzwang bei Männern in der Regel darauf beschränkt, dass alle zu viel trinken, weist der Herdentrieb bei Frauen vielfältigere, umfassendere und tiefgreifendere Formen auf. Bei der Zusammenkunft weiblicher Gruppen ist nichts so schnell vernichtet wie die eigene Meinung und das Monatsgehalt. Wenn alle Freundinnen Karla doof finden, findet man Karla eben auch doof. Und aus unerfindlichen Gründen hält man es plötzlich für eine stylishe Idee, sich wie die Freundinnen kreischend bunte Fiberglas-Fingernägel anzupappen oder eine seesackgroße Beanie aus Goldlurex zu kaufen, obwohl man die eigentlich immer scheußlich fand. Der Herdentrieb ist zum Beispiel auch dafür verantwortlich, dass man sich Salat bestellt, weil alle Salat bestellen, selbst wenn man so hungrig ist, dass man ein ganzes Schwein verputzen könnte. Angesichts dieses merkwürdigen Verhaltens fragt man sich dann doch, ob es nicht besser gewesen wäre, bloß ein paar Bier zu viel zu trinken.

Heuleritis, die

siehe → *Tränendrüsenüberfunktion*

High-Heel-Humpeln, das

Das High-Heel-Humpeln tritt bei Schuhliebhaberinnen auf, die auf Heels eine Strecke von mehr als fünfhundert Metern zurücklegen oder ein Nicht-Schneckentempo vorlegen wollen. Dann kommt es bei vielen der Trägerinnen, die sich nicht mit Botox die Fußballen haben betäuben lassen, zu einer schmerzbedingten Veränderung des Gehverhaltens. Als Ersatz für das Abrollen über die brennenden Fußballen und die pochenden, eingequetschten Zehen werden dazu die Knie stärker und ruckartig eingeknickt, was das gesamte Erscheinungsbild nachhaltig negativ beeinflusst. An dieser Stelle sei einmal darauf hingewiesen, dass die Bilder von Carrie Bradshaw, die in Mörder-High-Heels rehgleich über Pfützen springt und Taxis pfeilschnell hinterherschwebt, nicht für bare Münze genommen werden dürfen. Erstens ist Sarah Jessica Parker winzig und klapperdürr und bringt mit ihren gefühlten achtzehn Kilo Lebendgewicht natürlich ganz andere Belastungen auf die Fußgelenke als eine normal geformte Frau. Und zweitens handelt es sich um eine Fernsehserie. Da ist sowieso nichts real. Deswegen sollte Frau mit High Heels ihren Bewegungsradius möglichst klein halten und sich für Hin- und Rückweg Ersatzlatschen einpacken, um die eigene Schmerztoleranz nicht schon auszureizen, bevor man überhaupt auf der Party/im Büro/beim wichtigen Meeting angekommen ist.

Hilfeablehnungsautomatismus, der

Der Hilfeablehnungsautomatismus ist eine äußerst komplexe und schwer nachvollziehbare Absonderlichkeit weiblichen Verhaltens, bei der die Betroffene automatisch jede Hilfe ablehnt, nur um sich hinterher darüber zu ärgern, dass ihr von niemandem geholfen wurde.

Beispiel:

Frau schleppt schwere Einkaufstasche.

Mann (Hände in den Hosentaschen): »Soll ich dir helfen?«

Frau (mit zusammengebissenen Zähnen): »Geht schon.«

Und dann fängt das Ärgern an:

a) über den Kerl, der ihr nicht einfach die Einkaufstasche aus der Hand nimmt. Dabei sieht ja wohl ein Blinder mit Krückstock, dass ihr die Tasche zu schwer ist,
b) über sich selbst. Weil ihr spätestens zehn Meter weiter die Arme so weh tun, als hätte sie ihren Mann einen Tag lang geschüttelt.

Die Ablehnung des Hilfsangebots hat zwei Ursachen: Die Frau will zeigen, dass sie ihren eigenen Mann stehen kann. Aber vor allem will sie ihrem Mann die Gelegenheit geben, sich wie ein Gentleman zu verhalten, der ihr selbstverständlich und von selbst die Tasche abnimmt. Da aber die Spezies der Gentlemen leider nicht allzu verbreitet ist, sollte man lieber auf Nummer sicher gehen und die Hilfe sofort annehmen, wenn sie angeboten wird. Denn solange die Betroffene den Mann in dem Glauben lässt, sie schaffe es auch allein, wird sie ihn nie dazu kriegen, öfter freiwillig und unaufgefordert mit anzupacken.

Hollywoodstar-Lüge, die

Die klassische Hollywoodstar-Lüge ist, wenn weibliche Stars behaupten, sie seien glücklich mit ihren Rundungen und würden niemals dem Size-Zero-Wahn verfallen. Das Nächste, was man über sie liest, ist dann meist die Nachricht von der Einlieferung in ein Krankenhaus wegen Kreislaufkollaps nach Einnahme von Diätpillen. Die Hollywoodstar-Lüge ist mindestens genauso unglaubwürdig wie die → *Ich-esse-was-ich-will-Lüge* (siehe Sonderteil *Ernährungswahnsinn*).

Honorarverhandlungsschwäche, die

Frauen sind in der Regel kommunikativ und können über alles plaudern, scheuen sich auch nicht, Problemgespräche zu führen (zumindest mit ihrem Partner), und sind eher selten auf den Mund gefallen. Nur bei einer Sache setzt bei vielen Frauen das Kommunikationstalent plötzlich aus: Wenn es um das Thema Honorar oder Gehalt geht. Das scheuen die Betroffenen wie ein Fashion Victim den Textildiscounter. Die Honorarverhandlungsschwäche ist ein Grund dafür, dass Frauen durchschnittlich weniger verdienen als Männer. Die Ursache dieser Schwäche liegt meist darin, dass es ihnen

a) schwerfällt, über ihre Leistungen zu sprechen,
b) schwerfällt, eine realistische Wertschätzung ihrer Leistung zu treffen,

c) sie Sorge haben, sie könnten anmaßend wirken.

Daraus resultiert, dass Frauen lieber von vornherein weniger Gehalt fordern oder sich mit einer vorgeschlagenen Summe, die unter der gewünschten liegt, zufriedengeben. So etwas machen Männer nicht. Denn sie haben meist gar keine Probleme, ihre eigenen Leistungen positiv zu bewerben. In dem Bereich können wir einiges von ihnen lernen!

Hormonbedingte Streitprovokation, die

Die allermeisten Frauen leiden unter periodisch bedingter Übellaunigkeit und sind an bestimmten Tagen im Monat mürrisch, gereizt und empfindlich. Plötzlich ist einem einfach alles zu viel. Aber weil man an ebensolchen Tagen eine Auseinandersetzung mit dem Partner wirklich nicht auch noch gebrauchen kann, versucht man um alles in der Welt, einen Streit zu verhindern. Leider ist das, ähnlich wie bei der → *Promillebedingten Streitprovokation*, kaum möglich, denn an ebendiesen Tagen wirkt alles, was die Betroffene von sich gibt, wie ein Affront gegen den Mann. Behaupten jedenfalls die Männer. Aber die sagen das nur, weil ihnen irgendwann mal irgendeiner das Totschlagargument von Frauen und ihren Tagen vorgebetet hat. In Wirklichkeit ist es doch so, dass der Mann froh sein soll, wenn die Frau den Rest des Monats so leidensfähig ist, dass sie meistens ohne zu murren den Großteil der Hausarbeit und der Kindererziehung übernimmt. Oft noch neben der Voll- oder Teilzeitarbeit. Da könnten die Männer doch an den paar kauzigen Tagen der Frauen dafür sorgen, dass es nichts zu meckern gibt, und ausnahmsweise mal den Haushalt schmeißen. Dann kommt es auch nicht zum Streit. Jedenfalls nicht über die Arbeitsverteilung im Haushalt, sondern höchstens über eins der dreihundert anderen Dinge, die Frau an diesen Tagen als mangelhaft empfindet …

Psychotest: Welcher Hosentyp sind Sie?
Es gibt in Sachen Hosen vier Kategorien von Frauen. Zu welcher gehören Sie?

Nach einer üppigen Mahlzeit in Gesellschaft

a) sage ich »Puh, bin ich voll!« und öffne vor allen Augen die Hose, um wieder richtig Luft zu kriegen,
b) merke ich, wie pappsatt ich bin und knöpfe unter Tarnung durch Tischtuch oder Unterarm heimlich die Hose auf und überdecke den offenen Hosenbund mit meinem Pulli,
c) lasse ich mich unter keinen Umständen dazu herab, die Hose zu öffnen, und ertrage tapfer den zwickenden Hosenbund und die Atemnot,
d) lehne ich mich zurück und genieße den elastischen Bund meiner Tunnelzughose.

Antwort a: Glückwunsch zu so viel Selbstbewusstsein! Sie gehören zu der seltenen Spezies der *Öffentlichen Hosenöffnerinnen*.
Antwort b: Glückwunsch zu so viel Selbstachtung! Sie gehören zu der vernünftigen Spezies der *Heimlichen Hosenöffnerinnen*.
Antwort c: Glückwunsch zu so viel Selbstdisziplin! Sie gehören zu der tapferen Spezies der *Niemals-Hosenöffnerinnen*.
Antwort d: Glückwunsch zu so viel Klugheit! Sie gehören zur vorausschauenden Spezies der *Dehnbundträgerinnen*.

Hypervernünftigkeit, die

Frauen ab einem gewissen Alter oder einer gewissen beruflichen Position, aber vor allem Mütter, neigen dazu, jederzeit an die Konsequenzen ihres Handelns zu denken und nichts mehr zu tun, was der Erfüllung ihrer Pflichten im Weg stehen könnte. Das ist bis zu einem gewissen Grad klug und angebracht, weil man mehr Verantwortung trägt und leider auch nicht mehr den Elan einer Zwanzigjährigen besitzt, die sich nach durchzechter Nacht frisch und munter ihrem Tagwerk stellt. Wenn man aber folgende Symptome bei sich feststellt, besteht dringender Verdacht auf Hypervernünftigkeit:

a) Unter »spontane Verabredung« versteht man ein Treffen in der nächsten Woche.
b) Typische Samstagabendunternehmungen sind
   - gemeinschaftliches Kochen von ökologisch einwandfreier Kost mit einem hohen Anteil ungesättigter Fettsäuren,
   - Spieleabende, bei denen kein einziges Trinkspiel gespielt wird,
   - bügeln.

Bei folgenden Symptomen besteht überhaupt kein Zweifel mehr an einer Hypervernünftigkeit:

a) Einladungen an Gäste fasst man wie beim Kindergeburtstag nur noch in einen engen zeitlichen Rahmen, weil jedes Überschreiten von routinierten Schlafenszeiten den Rhythmus für die ganze Woche durcheinanderbringt.

b) Sobald der Zeitrahmen sich dem Ende nähert, stellt man die Verköstigung oder gar Versorgung der Gäste mit Getränken ein und hört auf, sich an der Unterhaltung zu beteiligen.
c) Sobald der Zeitrahmen überschritten wird, pustet man die Kerzen aus, stellt die Musik ab und fängt an, den Tisch abzuräumen.

In diesem Stadium sind schwerwiegende Folgen für das soziale Leben zu erwarten. Es sei denn, die Freunde der Betroffenen sind ebenfalls hypervernünftig geworden und freuen sich, dass es ihnen möglich ist, ein augenscheinlich soziales Leben zu führen und dabei ihre Kräfte zu schonen.

SONDERTEIL Hausfrauenwahnsinn

Bügelkoma, das

Das Bügelkoma ist der apathische Zustand automatisierten Plättens, der eintritt, wenn man das Erledigen der Bügelwäsche mal wieder zwei Wochen vor sich hergeschoben hat und am Ende einen Riesenberg abarbeiten muss. Ab einem individuell festgelegten Zeitpunkt führt Bügeln dann bei vielen Frauen zum Abschalten sämtlicher Hirnaktivitäten. Begünstigt wird das Bügelkoma durch den Konsum dümmlicher Fernsehreportagen oder sinnfreier Telenovelas, die man sich als Belohnung für die ermüdende Beschäftigung parallel gönnt. Das Bügelkoma ist dabei eine äußerst praktische Sache, denn ohne diesen stumpfen Gemütszustand würde man sich über diese extrem lästige Arbeit nur ärgern. Gäbe es das Bügelkoma nicht, würden Hausfrauen

a) ihre Pflichten nur unter starker Erhöhung des Blutdrucks erledigen oder
b) einen handfesten Streit mit dem Gatten oder anderen Familienmitgliedern anzetteln, in dem es um eine Neuverteilung der Pflichten im Haushalt geht.

Das Bügelkoma endet, wenn die automatisch wiederholt ausgestreckte Hand nichts Greifbares mehr im Wäschekorb vorfindet. Dann erwacht die Betroffene und staunt über den Stapel faltenloser Kleidung, der sich wundersamerweise vor ihr auftürmt. Tiefe Befriedigung überkommt die Betroffene dann. Eine äußerst geschickt eingerichtete Belohnungsstrategie der Natur, die die Erledigung der Bügelpflicht auch beim nächsten Mal gewährleistet.

Energiesparwahn, der

Die gute Hausfrau ist praktisch veranlagt, kennt die Produktpreise in zwei bis neun Supermärkten auswendig und beherzigt auch die Gebote des Energiesparens, zumindest dann, wenn ihre Wasch- oder Spülmaschine mit einem Energiesparprogramm ausgestattet ist. Wer dem Energiesparwahn verfallen ist, der kauft Recycling-Toilettenpapier, knipst das Licht aus, wenn er für nur drei Minuten das Zimmer verlässt, und timt die Kochzeit so perfekt, dass der Herd dann ausgeschaltet wird, wenn seine Restwärme noch ausreicht, um die Kartoffeln zu garen. Und wenn sie dann am Ende noch etwas sehr bissfest sind, freut man sich aber wenigstens, dass man echt eine Menge Energie gespart hat.

Autobiographischer Wahnsinn

Mich macht es irre, wenn jemand den Kühlschrank öffnet und dann die Tür offen stehen lässt, während er

a) sich in aller Ruhe ein Glas aus dem Regal holt,
b) die Milch umständlich aufschraubt,
c) sich eingießt,
d) genüsslich einen Schluck trinkt,
e) die Milch verschließt,
f) zurück zum Kühlschrank schlendert,
g) noch eine Weile darin herumkramt,
h) vielleicht auch noch ein kleines Schwätzchen mit sich selbst hält.

i) Und ihn erst, wenn sich die Raumtemperatur der Kühlschrankinnenraumtemperatur endgültig angeglichen hat, wieder schließt.

Mein Energiesparwahn ist so ausgeprägt, dass es mich nervös macht, wenn in Filmen die Kühlschranktür auf-, aber nicht mehr zugemacht wird, weil die Hauptfigur gerade die Welt retten geht. Da würde ich zu gern eine Neufassung drehen und den Helden erst mal schön den Kühlschrank schließen lassen, bevor er die alles Leben zerstörende Atombombe entschärft. Die Welt retten fängt schließlich im Kleinen an!

Erledigungsamnesie, die

Herd ausgemacht? Dachfenster geschlossen? Kaffeemaschine abgestellt? Tür abgeschlossen? Frauen, die

auf Autopilot ihren Haushalt stemmen, kommen schon mal ins Schleudern, wenn es um diese kleinen, aber entscheidenden Detailfragen geht. Da sie die Handgriffe schon tausendmal ausgeführt haben, können sie sich einfach nicht mehr daran erinnern, ob das auch für heute gilt. Die Erledigungsamnesie ist ziemlich weit verbreitet. Sie führt nicht selten dazu, dass die Betroffene kurz nach Verlassen des Hauses noch mal schnell zurückrennen und sich vergewissern muss, dass der Herd/das Licht/das Bügeleisen auch wirklich aus ist. Ein Tipp für Frauen mit chronischer Erledigungsamnesie: Legen Sie sich einen beliebigen Gegenstand (ein Taschentuch mit Knoten, ein kleines Stofftier, ein Tüte Gummibärchen) auf die Kommode neben den Autoschlüssel, den sie immer nur dann einstecken, wenn sie auch wirklich den Herd/das Licht/das Bügeleisen ausgemacht haben. Könnte natürlich sein, dass sie den Gegenstand dann auch vergessen. Oder aber ihn automatisch einstecken, weil das Einstecken ebenfalls zum routinierten Handgriff geworden ist. (Besonders, wenn es sich um die Gummibärchen handelt. Weswegen sie eigentlich keine wirkliche Hilfe sind. Schmecken aber viel besser als das Stofftier.)
Auch ein gängiges Symptom der Erledigungsamnesie ist übrigens das wiederholte Checken von Hosen-, Jacken- oder Handtasche, ob Handy, Schlüssel und Portemonnaie auch wirklich da sind, wo sie unterwegs hingehören.

Homeshoppingwahnsinn, der

Beim Homeshoppingwahnsinn ist es der Betroffenen nicht möglich, werbewirksame Fernsehsendungen von journalistischen Reportagen zu unterscheiden und sich dem Einfluss von weißbekittelten Fachmännern oder UV-geschädigten Grinsefrauen zu entziehen, die dringend zum Kauf des neuen Zauberputzpulvers oder der japanischen Messer raten, mit denen sich sogar Konservendosen durchteilen lassen, was bekanntermaßen eine der wichtigsten Eigenschaften eines Messers ist. Bei leichtem Krankheitsverlauf endet der Wahnsinn, wenn die Betroffene merkt, dass sie mit dem Zauberputzmittel genauso fest scheuern muss wie mit jedem anderen, oder dass das japanische Messer in China hergestellt worden ist. Bei schwerem Verlauf der Krankheit schiebt sich die Betroffene anschließend selbst die Schuld in die Schuhe und meint, dass sie die Bedienung der erstandenen Gegenstände einfach nicht so gut beherrscht wie die Experten aus dem Homeshoppingkanal. Um anschließend den nächsten unentbehrlichen Helfer zu bestellen.

Ich-erledige-erst-alles-und-mach-dann-Pause-Schwachsinn, der

Sprichwörter wie

a) erst die Arbeit, dann das Vergnügen,
b) was du heute kannst besorgen, das verschiebe nicht auf morgen,
c) morgen, morgen nur nicht heute, sagen alle faulen Leute,

haben die Betroffenen dieser Krankheit so verinnerlicht, dass sie nicht ruhen können, bis wirklich alles erledigt ist. Das Problem ist aber, dass in dem Moment, wenn man alles geschafft hat und die Küche blitzt, die wichtige Post abgeschickt ist, der Bauklotz-Bauernhof aufgebaut, der Gummistiefel vom Hunde-Aa befreit und ein vitaminreicher Auflauf im Ofen schmort –, wenn man denkt, man habe es tatsächlich geschafft und jetzt könne man endlich mal Pause machen, die Kollegin anruft und einem das Ohr abkaut/das Kind auf die Idee kommt, seine Playmobilmännchen in Erdbeermarmelade zu baden/ein Finanzamtswisch ins Haus flattert mit der Aufforderung, eintausendzweihundert Euro nachzuzahlen.
Deswegen hier drei wissenschaftlich fundierte, durch jahrhundertelange Erfahrung bewiesene und einfach total unwiderlegbare Grundwahrheiten:
ES IST NIE ALLES ERLEDIGT.
MAN KANN ES NICHT SCHAFFEN.
ES GEHT EINFACH NICHT!!!
Und darum kann man auch *jetzt sofort* eine Pause einlegen. Sollte man sogar. Denn nur im ausgeruhten Zustand ist man gewappnet, um Kolleginnen-/Kinder-/Finanzamtsstress ohne eine bedenkliche Steigerung des Blutdrucks wegzustecken.

Beförderungstechnische Hyperpraktikabilität, die
Die praktisch veranlagte Hausfrau macht keinen Gang umsonst. Ob auf dem Weg in die Küche oder den Keller:

Sie nimmt automatisch mit, was dorthin gehört. Normalerweise ist das eine sinnvolle Sache. Im Fall von Beförderungstechnischer Hyperpraktikabilität allerdings räumt die Betroffene auch Dinge weg, die noch in Gebrauch sind oder noch gar nicht benutzt worden sind. Letzteres kommt vor allem bei gleichzeitigem Auftreten von → *Aufmerksamkeitsfluktuation* vor.

Beispiel 1:
Die Betroffene geht Kaffee holen und nimmt vom Frühstückstisch den wärmesensiblen Aufschnitt mit, um ihn vor dem Verderb zu retten, obwohl die Familie noch beim Essen ist.

Beispiel 2:
Die Betroffene will ursprünglich eine eingerissene Buchseite kleben, entdeckt beim Hervorholen des Tesafilms aber die Zahnarztrechnung (die eigentlich noch bezahlt werden müsste), woraufhin sie das als Erstes erledigt. Zum Herauskramen der Liste mit den TAN-Nummern aus der Schreibtischschublade nimmt sie dann automatisch den Tesafilm mit und räumt ihn wieder ein (ohne vorher die Buchseite geklebt zu haben, selbstredend).

Küchengerätewahnsinn, der
Leidet eine Frau unter dem Küchengerätewahnsinn, kommt es zum übermäßigen Erwerb elektrischer Küchenhelfer, die ihr vermeintlich das Leben erleichtern.

Dabei schafft sie im Anfangsstadium des Küchengerätewahnsinns nur solche Maschinen an, die sie tatsächlich ab und zu benutzt und über deren Erwerb sie schon vorher nachgedacht hat. In schweren Fällen allerdings kauft die Betroffene ohne Sinn und Verstand neue Technik ein, denn allein der Umstand, dass das Gerät neu auf dem Markt ist, ist für sie Grund genug, es auch besitzen zu müssen (siehe auch *Lexikon der unnützen Küchengeräte*, Ullstein 2011).

Mahlzeitenverpuffungsverwunderung, die
Die Mahlzeitenverpuffungsverwunderung ist definiert

als Zustand des Unglaubens, der eintritt, wenn nach einer Phase des stundenlangen Vorbereitens und Kochens die Familie das Essen innerhalb von zehn Minuten hinunterschlingt, um sich dann ohne ein Wort des Dankes innerhalb weniger Sekunden wieder vom Tisch zu verdünnisieren. Dann findet sich die Köchin allein vor den abgefressenen Schüsseln und Tellern wieder und fragt sich, was der ganze Aufwand überhaupt soll und ob man nicht doch dazu übergehen sollte, Fertiggerichte aufzutischen oder einfach die Küche ganz kalt zu lassen, um mit Freundinnen Tapas essen zu gehen. Das ist von Zeit zu Zeit übrigens definitiv die beste Maßnahme, um die Familie von ihrer Anspruchshaltung und sich selbst von der Mahlzeitenverpuffungsverwunderung zu kurieren.

Psychotest: Leiden Sie an der Mal-eben-schnell-Krankheit?

Welche der folgenden Aussagen treffen auf Sie zu?

a) Sie räumen erst den Frühstückstisch ab, bevor Sie sich aufs Sofa setzen, um *Sturm der Liebe* zu gucken.

b) Auf dem Weg ins Wohnzimmer fällt Ihnen ein, dass Sie bis zum Beginn der Sendung noch mal eben schnell die Blumenuntersetzer schrubben könnten.

c) Wo Sie gerade dabei sind, entfernen Sie auch mal eben schnell die Wachsreste aus den Teelichthaltern.

d) Beim Gang zum Mülleimer stoßen Sie auf die Kindersandalen und entflusen mal eben schnell deren Klettverschlüsse.
e) Da *Sturm der Liebe* schon längst angefangen hat, beschließen Sie, endlich die Zeitung von heute zu lesen, da fällt Ihnen ein, dass Sie schon lange keinen Hefezopf mehr gebacken haben, was Sie jetzt mal eben schnell machen könnten.
f) Ihre Kinder nennen Sie »Komm-doch-Mama«, weil Sie immer, wenn Sie gerufen werden, antworten: »Ich komme gleich/jetzt/sofort«, was aber in Wahrheit bedeutet, dass Sie erst kommen, wenn Sie noch mal eben schnell die Brotdosen ausgespült/die Kartoffeln geschält und aufgesetzt/das Eisfach abgetaut haben.
g) Sie haben noch nicht ein einziges Mal *Sturm der Liebe* geguckt, weil Sie immer noch mal eben schnell was zu erledigen hatten.

Auswertung:
Ein bis zwei Aussagen treffen auf mich zu: Sie leiden an einer milden Form der Mal-eben-schnell-Krankheit.
Mehr als zwei Aussagen treffen auf mich zu: Sie haben eine schwere Form der Mal-eben-schnell-Krankheit. Eine Heilung ist ziemlich schwierig. Die einzig bekannte Therapiemöglichkeit ist derzeit, tatsächlich mal *Sturm der Liebe* zu gucken. Oder

eine andere Telenovela mit 1786 Folgen, die Sie erfolgreich von Ihrem Haushalt ablenkt.*

* Risiken und Nebenwirkungen dieser Therapieform
Häufig:
- Cliffhanger-Unruhe, die bewirkt, dass man unbedingt wissen will, wie es weitergeht.
- Gedankenspirale um das Schicksal von Doris, Alfons und Charlotte.

Selten:
- Vernachlässigen des Haushalts.

Extrem selten:
- Suchtartiges Glotzen der Folgen in Dauerschleife.
- Totaler Realitätsverlust.

Mal-eben-schnell-Krankheit, die

Für Betroffene der Mal-eben-schnell-Krankheit bedeutet es weniger Stress, Dinge gleich zu erledigen, als die ganze Zeit daran zu denken, sie noch erledigen zu *müssen*. Das führt dazu, dass sie ständig meinen, sie müssen/können/wollen mal eben schnell was erledigen. Das Problem dabei ist, dass das, was die Frau mal eben schnell erledigen will, in Wirklichkeit

a) doch eine dreiviertel Stunde dauert oder
b) sich in der Summierung aller Dinge, die mal eben schnell erledigt werden können, auf viereinhalb Stunden beläuft.

Autobiographischer Wahnsinn

Ich bin schnell. In vielen Dingen. Ziehe mich schnell an, wasche schnell ab, lese schnell, erledige viele Sachen im Handumdrehen. Ich spare so viel Zeit. Was ich super finde. Wenn ich dann die eingesparte Zeit bloß als Freizeit nützen würde! Tue ich aber nicht. Denn ich bin Betroffene der Mal-eben-schnell-Krankheit. Die führt zum Beispiel dazu, dass ich nie den Anfang eines Spielfilms mitbekomme. Denn nach dem Abendessen räumen wir den Tisch ab, und mein Mann stellt fest: »Wir sind fertig, oder?« Ich antworte »Ja«, obwohl das natürlich kein bisschen wahr ist. Denn der Tisch ist noch nicht abgewischt und der Herd noch voller Fettflecke, und Salz- und Pfefferstreuer müssen noch ins Regal zurück. Und dann fällt mir auf, dass es im Gewürzregal ziemlich staubig ist. Also nehme ich einen Lappen, um mal eben schnell den gröbsten Dreck wegzuwischen, und fülle bei der Gelegenheit auch noch mal eben schnell den letzten Rest Pfefferkörner in die Mühle. »Geht's schon weiter?« und »Was ist passiert?« sind meine liebsten Fernsehabendsätze. Ich versäume nämlich nicht nur den Beginn des Films, sondern auch noch jeden Anfang nach dem Werbeblock. Denn während der Werbung gehe ich eine Flasche Wasser holen, und da ja kein Weg umsonst sein soll, nehme ich auf dem Weg in den Keller mal eben schnell die Keksdosen von Weihnachten mit und wische außerdem noch mal eben schnell den Fleck weg, den mein Sohn heute mit seinem »Schwert« (einem siffigen Stock) an der Wand hinterlassen hat. Und beim Keksdosenwegräumen entdecke ich die Nudelmaschine, die noch originalverpackt im Regal steht, staune, dass ich die gekauft habe, und nehme mir fest vor, sie bald einzuweihen, also suche ich schon mal eben schnell das Pasta-Kochbuch raus. Und bis ich von unten zurück bin, ist der Spielfilm fast vorbei. Weil dieses Verhalten so grandios bescheuert ist, habe ich mir fest vorgenommen, mich zu ändern. Ich muss nur noch mal eben schnell das Laub zusammenfegen.

Mikrofaserwahnsinn, der

Der Mikrofaserwahnsinn bezeichnet den rauschhaften Kauf von Bettwäsche, Laken, Putzlappen, Decken, Handtüchern und anderen Textilien aus Mikrofaser, weil das ja sooo viel besser und hygienischer ist und einfach unschlagbar sauberer putzt. Einmal dem Mikrofaserwahnsinn verfallen, ist es der Betroffenen nicht mehr möglich, von ihrer Meinung abzurücken und eventuell einzusehen, dass es auch andere Stoffarten gibt, deren Eigenschaften je nach Verwendungszweck Vorteile haben können. Sie wird nicht ruhen, bis all ihre Schränke und Regale von Mikrofasern überquellen. Ähnlich verläuft übrigens die Krankheit des Tupperwahnsinns.

Hausfrauenwahnsinnige Sprichwörter

Davon kann man nie genug haben.

Opferrollenwahnsinn, der

Hausfrauen, die dem Opferrollenwahnsinn verfallen sind, stöhnen unablässig über ihr Schicksal, dass sie die Einzige sind, die in diesem Haus irgendetwas macht, an der alles hängenbleibt und die immer nur für andere schuftet, aber nie etwas für sich tun kann. Wenn das Gejammer aber auf offene Ohren trifft und der Betroffenen tatsächlich mal jemand etwas abnehmen will, erwidert sie in einem Anfall von Selbstaufopferung »es geht schon«, weil sie es gar nicht ertragen kann, wenn jemand anders die entsprechende Aufgabe (vielleicht nicht ganz genauso perfekt) erledigt oder sie – noch schlimmer – vom selbstgewählten Schicksal des Opfers erlöst.

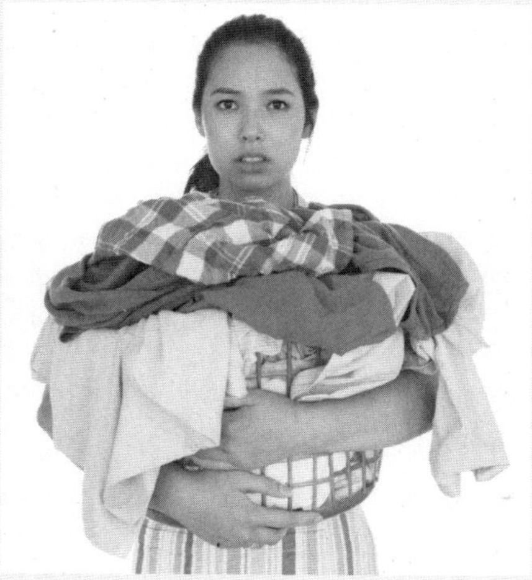

Hausfrauenwahnsinnige Sprichwörter
Man hat's nicht leicht, aber leicht hat's einen.

Packeselsyndrom, das

Eng verwandt mit der → *Beförderungstechnischen Hyperpraktikabilität* ist das Packeselsyndrom, bei dem die Betroffene dazu neigt, sich total zu übernehmen. Typisch ist zum Beispiel, dass die Betroffene auf dem Weg in den ersten Stock nicht nur den Stapel frisch gewaschener Handtücher mitschleppt, sondern auch den Staubsauger, was sie aber nicht daran hindert zu versuchen, sich auf der Treppe noch die Packung Toilettenpapier unter den Arm zu klemmen.

Das Packeselsyndrom führt regelmäßig zu

a) Fingerkrampf, weil man mit den vollen Händen nur einen Zipfel von irgendetwas zu fassen bekommen hat,
b) Schulter- und Rückenverrenkungen, weil man seinen Körper in den Kampf mit der Schwerkraft schickt, die an der Ladung zerrt,
c) derartig langsamem Tempo, dass man es bei leichter Beladung in der gleichen Zeit locker zweimal die Treppe hoch und runter geschafft hätte,
d) erhöhtem Verlust an Geschirr und/oder Lebensmitteln, die auf den Boden knallen,
e) eindeutig mehr Arbeit am Ende.

Wenn die Betroffene es aber geschafft hat, auf einen

Streich mehr zu befördern als ein achtarmiger Zirkusjongleur, dann freut sie sich wie Bolle und ist sehr stolz auf sich. Und das völlig zu Recht.

Schmutzinduziertes Augenstechen, das

Wenn eine Frau ihre Wohnung blitzblank hält und immer mit dem Putzlappen unterwegs ist, dann leidet sie nicht – wie vom Volksmund kolportiert – unter einem Putzfimmel, sondern unter Schmutzinduziertem Augenstechen. Dabei bohrt sich der Anblick jedes noch so kleinen Flecks oder jeder noch so leichten Fluse wie ein Laserstrahl in das Gehirn der Betroffenen und piesackt dort so lange das Aktivitätszentrum, bis sie aufsteht und die Unordnung beseitigt. Betroffene des Schmutzinduzierten Augenstechens können nicht fünf Minuten stillsitzen, wenn irgendwo Wollmäuse, Krümel, vertrocknete Blätter am Ficus oder aus dem Stapel verrutschte Zeitschriften gesichtet worden sind.

Bei milderem Verlauf schafft es die Betroffene, sich darauf zu beschränken, Schmutz nur in ihrer eigenen Wohnung zu bemerken und zu beseitigen. Bei schwererem Verlauf der Krankheit fallen der Betroffenen auch Unordnung und Schmutz in fremden Wohnungen sofort auf, was einhergehen kann mit

a) Gleichgültigkeit (»Ist ja nicht meine Bude!«),
b) Mokieren im Geheimen (»Wie kann man nur so leben?«),
c) Nörgeln in aller Öffentlichkeit – häufig eine Domäne der Mütter und Schwiegermütter,

d) dem unbändigen Drang, den Dreck auch bei anderen zu beseitigen.

Wenn man tatsächlich anfängt, in fremden Wohnungen zu wischen, sollte man übrigens therapeutische Gegenmaßnahmen ergreifen. Oder es sich zumindest bezahlen lassen.

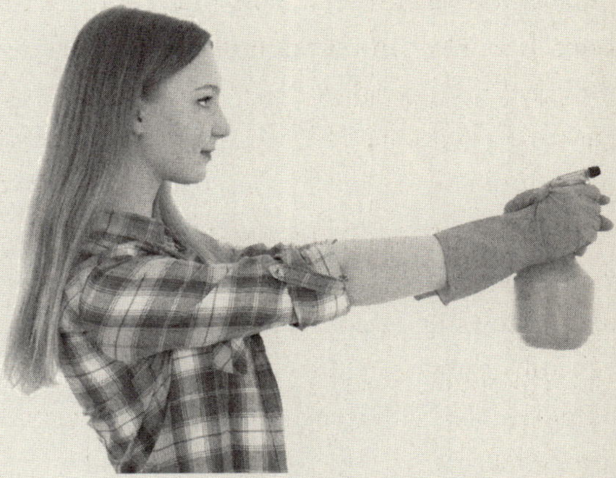

Psychotest: Leiden Sie unter fortgeschrittenem Schmutzinduzierten Augenstechen?

Welche der folgenden Aussagen treffen auf Sie zu?

a) Die Kollegen trinken immer gern mit Ihnen Kaffee, weil Sie anschließend stets für alle die Tassen spülen.
b) Im Restaurant überprüfen Sie erst mal die Küchenhygiene, bevor Sie entscheiden, dort zu essen.

c) Sie lassen Ihr Kind weder mit Fingerfarben malen, noch setzen Sie ihm jemals Spaghetti bolognese vor.
d) Wie Männer beim Fußball auf die Spieler, brüllen Sie auf die Beteiligten von *Frauentausch* und anderen Reportagesendungen ein, dass sie die Hütte doch nun mal endlich richtig saubermachen sollen, das kann ja nicht wahr sein, so schwer ist das doch schließlich nicht!
e) Sie tragen stets Gummihandschuhe und einen Allzweckreiniger bei sich, falls Sie auf einer öffentlichen Toilette auf das Schild stoßen: »Verlassen Sie die Waschräume so, wie Sie sie vorfinden möchten«.

Wenn Sie auf eine dieser Aussagen mit Ja geantwortet haben, dann liegt bei Ihnen definitiv eine schwere Form des Schmutzinduzierten Augenstechens vor. Sie sollten dringend therapeutische Gegenmaßnahmen ergreifen, wie zum Beispiel den Besuch eines Survivalcamps im brasilianischen Dschungel, eines Slums von Kalkutta oder einer Männer-WG.
Die dortige Menge an Unordnung und Dreck wird zu Ihrer deutlichen Desensibilisierung beitragen, so dass Sie künftig gelassener mit Schmutz umgehen können – bei sich und anderswo.

Schmutzmagnetismus, der

Das absolute Gegenteil der weit verbreiteten Männerkrankheit *Schmutzblindheit* (siehe *Männerkrankheiten*, Ullstein-Verlag 2012) ist der Schmutzmagnetismus. Betroffene entdecken dabei nicht nur jeden Fleck oder jede kleine Unordnung auf Anhieb, sie können auch ihren Blick nicht mehr davon abwenden. Egal, ob ein Schmierstreifen am Fenster, der nur bei Sonneneinstrahlung um 16.34 Uhr zu sehen ist, ob die Staubschicht auf dem Kuckucksschnabel der Schwarzwalduhr, ob Wasserflecken an der Duschwand oder Wollmäuse im hintersten Winkel unter dem Bett – die Betroffene wird magnetisch von Schmutz angezogen und registriert ihn sofort. Von der charakterlichen Veranlagung der Betroffenen ist abhängig, was weiter passiert. Wenn sie selbst Verursacherin des Drecks ist, kommt es beim verwandten Krankheitsbild des → *Schmutzinduzierten Augenstechens* zum sofortigen Aufräumen. Wenn sie nicht Verursacherin des Drecks ist, kann es – je nach Frauentyp – sein, dass sie

a) sich über den/die Verursacherin des Drecks empört oder
b) so erleichtert ist über die offensichtlich untergeordnete Rolle von Sauberkeit in dieser Bude, dass sie ausnahmsweise mal nicht alle Krümel, die ihr auf den Boden fallen, mit der angeleckten Fingerspitze wieder aufklaubt!

Ich-bin-schön-und-ich-weiß-es-Missgunst, die

Die Ich-bin-schön-und-ich-weiß-es-Missgunst ist ein Beispiel für ein überaus kompliziertes Kuriosum dieser Welt: die Frau. Einerseits finden wir es toll, wenn andere Frauen selbstbewusst sind und sich von der perversen gesellschaftlichen Pflicht zum Jammern über eigene Unzulänglichkeiten frei gemacht haben. Aber wehe, eine Frau besitzt die Ich-bin-schön-und-ich-weiß-es-Ausstrahlung, dann stürzen wir uns wie die Aasgeier auf sie und nennen sie arrogant und eingebildet. Wahnsinn!

Ich-kann-das-sowieso-nicht-Krankheit, die

Man stelle drei Männer und drei Frauen vor eine Dartscheibe. Die Männer packen die Pfeile und hämmern sie auf die Scheibe und egal, ob sie treffen oder nicht, sie johlen und klopfen sich gegenseitig auf die Schultern und haben Spaß. Frauen greifen nur zögerlich zu den Pfeilen, lassen die Arme hängen, die Schultern absacken, lachen verlegen und verkünden: »Ich kann das sowieso nicht.« Und um allen zu beweisen, wie recht sie haben, werfen sie den Pfeil mit der Energiearmut eines flügellahmen Geiers in einer ausgedörrten Wüste. Wenn der Pfeil es überhaupt bis zur Dartscheibe schafft, prallt er vermutlich dort ab und kullert zu Boden. Dann kann die

Frau mit Recht sagen: »Seht ihr, hab ich ja gesagt.« Getreu dem Motto »Man kann nicht versagen, wenn man es nicht ernsthaft versucht«, entziehen sich Frauen dem Wettkampf. Schade! Denn da entgeht euch eine Menge Spaß, Mädels.

Instinkt-Ignoranz, die

Betroffene der Instinkt-Ignoranz übergehen eindeutige Warnsignale, die ihnen ihr Bauchgefühl sendet, und bleiben nett und zuvorkommend gegenüber neuen Kollegen, Bekannten oder Fremden. Denn solange das Gegenüber den Anschein von Freundlichkeit wahrt, neigt die Betroffene dazu, eher rationalen Gedankengängen wie »Der ist doch aber ganz höflich und nett« zu vertrauen als ihrem Instinkt. Außerdem will sie unter allen Umständen vermeiden, ihr Image als zugängliche und offene Person zu beschädigen und als Kratzbürste dazustehen.

Das ist nicht besonders clever.

Weil der Instinkt meistens recht hat.

Spätestens wenn die neue Bekannte Gerüchte über einen verbreitet oder der Kollege die eigenen Ideen beim Chef vorgebracht hat, sollte man aufhören, sich deren Verhalten schönzureden mit Sätzen wie »Sie hat vielleicht nur etwas falsch verstanden« oder »Das war bestimmt keine Absicht«. Wenn man sich dabei ertappt, sollten Betroffene dringend ihre Grundeinstellung, zu jedermann nett zu sein, überdenken. Denn man kann auch die Regeln der Höflichkeit einhalten und andere trotzdem in ihre Schranken verweisen.

Interpretationssucht, die

Auch genannt → *Subtext-Entschlüsselungswahn* (Sonderteil Kommunikationswahnsinn)

Frauen lieben es, Aussagen von anderen zu interpretieren. Dabei wird nicht nur das gesprochene Wort, sondern auch jedes nicht gesprochene Wort ausgewertet. Ebenfalls in die Interpretation fließen ein: jeder Blick, jeder Nichtblick, die Fingerhaltung, die Höhe des Kinns und der Augenbrauen, die Position der Mundwinkel, jedes noch so leise Stöhnen und jedes Ein-, Aus- oder Zwischenatmen. Jedes Detail kann nämlich dafür herhalten, eine neue These über den Gesprächspartner zu entwickeln oder eine alte These zu beweisen. Die Interpretationssucht kann in einer Gesprächssituation akut auftreten. Am häufigsten ist sie jedoch verbreitet, wenn ein Gespräch im Nachhinein auseinandergenommen wird, am liebsten in Gesellschaft von einer oder mehreren Freundinnen. Zu diesem Zweck wird der Gesprächspartner möglichst genau zitiert, wobei natürlich immer ein paar Wörter ausgetauscht und vor allem der Tonfall stark verändert werden (siehe auch → *Nacherzählungssynchronisation*), was das Interpretieren umso leichter – und spaßiger – macht.

Ja-aber-Krankheit, die

Die Ja-aber-Krankheit bewirkt, dass die Betroffene keine Aussage einfach so stehenlassen kann, sondern zu allem und jedem ihren Senf dazugeben muss. Um aber nicht als notorische Besserwisserin dazustehen, leitet sie ihren Widerspruch gekonnt mit einem »Ja« ein, um den Gesprächspartner für einen Moment in Sicherheit zu wiegen, er könne tatsächlich eventuell recht haben mit dem Gesagten. Was die Betroffene mit einem anschließenden »Aber« dann jedoch sehr genau zu widerlegen sucht.

Januslächeln, das

Ein ausgeprägtes Januslächeln verschafft es Frau, gute Miene zum bösen Spiel zu machen und ihr Gegenüber arglos anzulächeln, während sie hinter dem Rücken schon die sprichwörtlichen Messer wetzt. Eine weibliche Domäne, eingesetzt besonders anderen Frauen gegenüber.

Kegelclubwahnsinn, der

Kegelclubwahnsinn liegt dann vor, wenn ein Frauenkollektiv alkoholbedingt außer Kontrolle gerät und durch lautstarkes, hysterisches Lachen und ordinäre Aktionen, vor allem aber durch unangemessenes Verhalten Männern gegenüber, auffällt. Dabei ist es unerheblich, ob es sich bei dem Frauenkollektiv tatsächlich um einen Kegelclub handelt oder um eine andere Spaßdiktatur. Die Betroffenen selbst empfinden den Kegelclubwahnsinn als einen angenehmen Zeitvertreib, schließlich gibt es viel zu lachen. Dennoch sollten sie sich von Zeit zu Zeit ins Gedächtnis rufen, dass sie anderen eventuell mächtig auf den Keks gehen und dabei auch hin und wieder ihre Würde aufs Spiel setzen. Auf jeden Fall sollten sich Betroffene davon überzeugen, dass niemand mit einem Smartphone die Szenerie filmt, *bevor* man im Bahnabteil zum Striptease ansetzt oder in einer Kneipe zum Abknutschen von fremden Männern übergeht. Denn eines ist klar: Der Kegelclubwahnsinn vergeht irgendwann. Fotos oder Videoaufnahmen sind aber genauso unvergänglich wie der Zorn von Ehefrauen oder Freundinnen begrapschter Männer.

Keira-Knightley-Gesicht, das

Das Keira-Knightley-Gesicht bezeichnet den Versuch, besonders zart und verführerisch auszusehen, indem man nach dem Vorbild der englischen Schauspielerin

a) den Mund stets leicht geöffnet hält,
b) die Lippen schürzt,
c) mittels Unterdruck in der Mundhöhle die Wangen einzieht und
d) gleichzeitig versucht, die Wangenknochen aufzuplustern.

Mangels Retusche im echten Leben führt dieses Verhalten in den meisten Fällen aber nicht zum Erfolg, sondern hat nur den unangenehmen Effekt, dass
a) die Leute sofort sehen, dass man krampfhaft versucht, verführerisch auszusehen, oder
b) meinen, man hätte Zahnschmerzen.

Klatschzeitschriftenscham, die

Aus unerfindlichen Gründen vertuschen manche Frauen ihre Vorliebe für Klatschzeitschriften. Als ob ihnen ihr Interesse an der Regenbogenpresse außerhalb eines Friseursalons peinlich sein müsste, rechtfertigen sie sich, wenn sie beim Kauf einer *InTouch* oder *Gala* erwischt werden mit Sätzen wie
a) »Meine Schwiegermutter liest so was.«
b) »Das ist für meine Nachbarin.«
c) »Ach, was habe ich denn da eingesteckt? Ist das gar nicht die *Cosmopolitan*?«

Kleidungsmangel, der

Im Gegensatz zum → *Last-minute-Outfit-Stress*, der die panische Outfitsuche kurz vor einem Großereignis bezeichnet, ist der Kleidungsmangel ein chronischer Zustand der gefühlten Unterversorgung mit Klamotten trotz vollen Kleiderschranks.

Für Männer ist dieser Mangel meist komplett unverständlich, da sie ja keine Ahnung davon haben, wie diffizil es sein kann, ein dem Anlass und der jeweiligen Stimmung entsprechendes Outfit zu finden. Vor allem, wenn man auch noch das im Monatsverlauf schwankende Körpervolumen hinzuziehen muss. Der Kleidungsmangel führt nicht selten zu einem akuten → *Shoppinganfall.*

Kleine-Füße-Neid, der

Der Kleine-Füße-Neid befällt meist Frauen, die aufgrund einer Schuhgröße über 40 von → *Große-Füße-Scham* betroffen sind und im Schuhgeschäft regelmäßig von Neidattacken geplagt werden, wenn sie der großen Auswahl an schicken, adretten Schuhen in den Größen 37 bis 39 gegenüberstehen.

Kleinmädchengetue, das

Das Kleinmädchengetue bezeichnet die Angewohnheit, sich übertrieben hilflos zu geben, um bei Männern den Beschützerinstinkt zu wecken. Was gelegentlich klappt. Was immer klappt, ist aber, dass sie sich den Zorn anderer Frauen zuziehen, denen das affektierte »Ich-bin-so-schwach-und-wehrlos-Getue« meist mächtig auf den Zünder geht.

Komplimentunverträglichkeit, die

Eine allgemeine Komplimentunverträglichkeit liegt vor, wenn die Frau es nicht schafft, ein Kompliment lächelnd anzunehmen und sich einfach darüber zu freuen. Symptome für die Komplimentunverträglichkeit sind unter anderem Schamesröte, verlegenes Kichern und Haarsträhnenzwirbeln. Es existieren im Übrigen drei Unterformen der Komplimentunverträglichkeit, die im Folgenden aufgeführt werden.

Komplimentabwehrautomatismus, der

Während die meisten Frauen normalerweise große Schwierigkeiten damit haben, nein zu sagen (→ *Nein-sage-Unfähigkeit*), kommt ihnen das Wörtchen beim Komplimentabwehrautomatismus ganz automatisch über die Lippen.

Beispiel:
»Du siehst aber heute toll aus!«
»Was? Nein, sehe ich gar nicht.«
»Doch, wirklich.«
»Nein, überhaupt nicht. Allein diese kleinen Pickelchen hier, siehst du? Damit müsste ich dringend mal zur Kosmetikerin …«

Die Betroffene wird so lange ihr gutes Aussehen negieren, bis der Komplimentemacher selbst überzeugt ist, dass er mit seiner Meinung falschgelegen hat.

Kompliment-Erwiderungs-Reflex, der

Beim Kompliment-Erwiderungs-Reflex sehen sich Frauen genötigt, das Kompliment – besonders, wenn es von einer anderen Frau stammt – umgehend und automatisch zu erwidern und ihrerseits der Komplimentmacherin ein Kompliment zu machen. Da kann es beizeiten zu peinlichen Situationen kommen, wenn man zum Beispiel gerade zu einem Kompliment ansetzt, nur um dann festzustellen, dass das Gegenüber offensichtlich weder Zeit zum Haarewaschen noch saubere Klamotten im Schrank gefunden hat. Da bleibt dann nur eine Notlösung wie »Du hast so eine positive Ausstrahlung«, um sich vor der totalen Blamage zu retten.

Kompliment-Runterspielzwang, der

Beim Kompliment-Runterspielzwang nimmt die Betroffene das Kompliment zwar erst einmal an, wertet aber die Sache, für die sie das Kompliment geerntet hat, systematisch ab.

Beispiel 1:

»Dein Kleid sieht super aus!«

»Ach, das olle Ding, danke. Hab ich schon ewig. Und hier unten ist auch der Saum lose. Ich wollte mir schon immer mal ein Neues kaufen.«

Beispiel 2:

»Deine Kette ist toll! Sieht richtig edel aus.«

»Danke! Und dabei war die total billig. Habe ich für acht Euro bei Bijou Brigitte gekauft.«

Vielleicht möchte sich die Betroffene auch als besonders clevere Schnäppchenjägerin darstellen, schafft es aber leider nur, beim Komplimentemacher den »Dann-eben-nicht-Effekt« zu erzielen. Langfristig gesehen haben solche negativen Reaktionen auf Komplimente zur Folge, dass die Motivation bei eventuellen Komplimentemachern sinkt, einem weiterhin Nettigkeiten zuzuraunen. Deswegen sollten Betroffene der Komplimenteunverträglichkeit die angemessene Reaktion auf ein Kompliment trainieren. Vielleicht beginnen sie für das nächste Mal mit einem schlichten, einfachen »Danke«.

Konfliktangst, die

Manche Frauen scheuen Konflikte wie die Pest. Zumindest, wenn sie direkt von Angesicht zu Angesicht ausgetragen werden sollen. Gegen Konflikte, die hinter dem Rücken der verhassten Person ausgefochten werden, haben Frauen dagegen selten etwas einzuwenden. Durch dieses Verfahren bauschen sich Konflikte aber gern mal auf, während man sie bei direkter Auseinandersetzung vielleicht auch direkt hätte klären können. Offen die Meinung sagen, mit dem Schwamm drüber und danach ein Bier trinken gehen machen Frauen untereinander leider selten. Schade eigentlich.

Konfliktinduzierte Blickkontaktsperre, die

Die Konfliktinduzierte Blickkontaktsperre tritt dann auf, wenn eine Frau einer anderen nicht oder nur unter größter Willensanstrengung in die Augen sehen kann, weil sie die andere nicht mag oder aus irgendeinem anderen Grund Vorbehalte gegen sie hat. Vermutlich liegt die Ursache in unseren guten alten Primatengenen, denn direkter Blickkontakt wird in der Tierwelt oft als Provokation aufgefasst. Es kann aber auch einfach nur daran liegen, dass man der anderen die kalte Schulter zeigen will.

Krächzalarm, der

Es gibt Frauen, bei denen führt das Sprechen vor anderen vor lauter Aufregung dazu, dass sich ihre Stimme in höchste Höhen verlagert oder so angekratzt klingt, als würden sie gleich in Tränen ausbrechen. Beides bemerkt, steigert natürlich wiederum die eigene Nervosität enorm. Hier hilft nur – ähnlich wie bei → *Hektischen Flecken* – das Akzeptieren der eigenen Schwäche. Sobald Frau sie akzeptiert hat, kann sie dazu übergehen, sie zu ignorieren oder offen dazu zu stehen.

Kreditkartenabrechnungspanik, die

Die Kreditkartenabrechnungspanik ist definiert als prophylaktische Angst vor der monatlichen Post vom Kreditinstitut nach einem oder mehreren unkontrollierten → *Shoppinganfällen*. Wenn die Abrechnung dann tatsächlich eintrifft, entwickelt sich die Kreditkartenpanik nicht selten zu einer sogenannten *Postöffnungsvermei-*

dung, um einer ausgewachsenen Verzweiflung beim Anblick der Zahlen rot auf weiß vorzubeugen. Die Kreditkartenabrechnungspanik greift nicht selten über auf alle Postzustellungen unliebsamen Inhalts, die dann ebenfalls ungeöffnet liegenbleiben.

Kreischalarmzustand, der

Da der Begriff Hysterie in Bezug auf Frauen ein fieses Totschlagargument ist, das seit Jahrhunderten von Männern verwendet wird, um dem weiblichen Geschlecht in bestimmten Situationen jeglichen gesunden Menschenverstand abzusprechen, soll dieser Begriff keinen Eingang in dieses Buch finden. Obwohl man beim Anblick von kreischenden Mädchen angesichts von fetten Vogelspinnen oder Justin Bieber fast dazu geneigt ist, ihn doch zu verwenden. Aber Kreischalarmzustand trifft es auch.

SONDERTEIL Kommunikationswahnsinn

Die Stärke der Frauen ist die Kommunikation. Bis wir den Mund aufmachen. Wenn es ums Reden geht, haben Frauen so viele merkwürdige Angewohnheiten und Ticks wie Farben in ihrer Nagellacksammlung. Hier eine Auswahl.

Dämliche Vorbemerkung, die

Es ist eine weitverbreitete Angewohnheit von Frauen, Gesprächsbeiträge mit Floskeln zu beginnen, aufgrund derer sie sich selbst von vornherein jegliche Kompetenz absprechen. Besonders im beruflichen Kontext könnte die Betroffene genauso gut eine Runde Purzelbäume schlagen, als fachlich fundierte Wortbeiträge zu leisten nach dämlichen Vorbemerkungen wie diesen:

a) »Ich bin mir ja nicht sicher, aber …«
b) »Es ist zwar wirklich nur meine Meinung, aber …«
c) »Eigentlich ist das nicht mein Fachbereich, aber …«
d) »Ich meine, mich erinnern zu können, mal irgendwo gelesen zu haben, dass es eventuell besser wäre, dass …«
e) »Ich weiß nicht, ob es nur mir so geht, aber manchmal habe ich das Gefühl, dass …«
f) »Ist wahrscheinlich nur eine Schnapsidee, aber …«

Völlig klar, dass die Kollegen an dieser Stelle anfangen, mit ihren Smartphones herumzuhantieren. Völlig klar, dass der Chef den Hoppla-hier-komm-ich-Dummschwätzer als fachkundiger einschätzt, selbst wenn der den größten Müll redet, das aber mit voller Überzeugungskraft.

Denn selbst wenn nach einer Dämlichen Vorbemerkung der genialste Vorschlag der Welt folgt, wird ihn keiner als genialsten Vorschlag der Welt identifizieren, weil die Frau ja selbst zugegeben hat, dass sie keine Ahnung hat von dem, was sie da labert!
Irgendein Schlaumeier wird den Vorschlag dennoch aufgreifen und ihn ohne die Verwendung von Konjunk-

tiven und Unsicherheitsvokabeln wie »nur«, »eigentlich« und »vielleicht« in eigene kraftvolle Worte fassen, um dann schön die Lorbeeren einzuheimsen.
Ursachen für dieses bescheuerte Verhalten können sein: dass Frauen zu bescheiden sind (siehe → *Leistungsdegradierung*) oder sich scheuen, die Verantwortung zu übernehmen (siehe → *Verantwortungsabschiebungssucht*) für einen Vorschlag, der vielleicht sogar in die Tat umgesetzt werden könnte. Die Folge ist Frust darüber, dass Frau nicht ernst genommen wird und der Chef die Kollegen bevorzugt. Wirklich doof! An dieser Stelle sei auf das Kapitel → *Was wir von Männern lernen können* verwiesen.

Ehrlichkeitsaversion, die
Ein typischer Zwiespalt von Frauen ist, dass sie zwar um eine wirklich ehrliche Antwort auf Fragen wie »Wie sehe ich aus?« oder »Bin ich zu dick?« bitten, aber auf keinen Fall die Wahrheit hören wollen, falls sie negativ ausfallen sollte.

Geier-Gesprächstaktik, die
Bei der Geier-Gesprächstaktik stürzt sich die Betroffene wie ein Geier im Sturzflug auf eine bestimmte, in der Regel negative Formulierung des Gegenübers und beißt sich daran fest. Das können Bemerkungen sein wie »Deine alte Frisur gefiel mir besser« oder »Das war aber dumm von dir« oder auch »Da hast du wohl überreagiert«. Egal, was der andere danach noch zu sagen

hat, um die Formulierung zu erklären und damit zu relativieren, die Betroffene hört es nicht, weil das Gesagte in einer Art Blutrausch untergeht. In ihrem Kopf dehnt sich die negative Bemerkung aus und verdrängt alles andere. Von diesem Moment an ist ein vernünftiges Gespräch nicht mehr möglich. Und auch später kann sich die Betroffene nur noch daran erinnern, dass der Gesprächspartner diesen fiesen, gemeinen Kommentar abgegeben hat. Leider liegt die Ursache der Geier-Gesprächstaktik noch im Dunkeln, so dass bisher keine wirkungsvollen Therapieformen entwickelt werden konnten.

Gesprächskater, der

Nach einer netten Unterhaltung überkommt die Betroffene das klamme Gefühl, das Falsche, zu viel Intimes oder einfach insgesamt zu viel geredet zu haben. Nach einem Quatschrausch kann der Gesprächskater unter Umständen berechtigterweise auftreten, wenn man zum Beispiel

a) tatsächlich ohne Punkt und Komma geplappert,
b) angesichts einer Ehekrise der Freundin ausführlich die eigene Singleproblematik erörtert oder
c) der Nachbarin ohne Not die topographische Lage seiner Besenreiser erläutert hat.

Da ist es eventuell sogar nützlich, eine leichte Ernüchterung zu spüren, die einen dazu bringt, beim nächsten Mal etwas zurückhaltender zu sein.

In schlimmen Fällen kann der Gesprächskater aber dazu führen, dass man nach jeder Unterhaltung hart mit sich ins Gericht geht und jedes gesagte Wort in der Erinnerung einer eingehenden Prüfung unterzieht und sich damit martert, ob man nicht doch zu undankbar, hämisch, unfreundlich oder einfältig geklungen hat. Auch Dinge nicht gesagt zu haben, die doch nett oder angebracht gewesen wären, wirft man sich vor. Und selbst wenn man am Ende der Selbstüberprüfung zu dem Schluss kommt, dass man sich eigentlich ganz ordentlich verhalten hat, bleibt das dumpfe Gefühl, dass man es hätte besser machen können. Die Heilungschancen sind gering, da der automatisierte Gesprächskater oft zusammenfällt mit dem Krankheitsbild der → *Selbstzerfleischung*.

Gesprächspausenunverträglichkeit, die

Die Gesprächspausenunverträglichkeit ist eine unter Frauen weit verbreitete Krankheit, die sich darin äußert, dass man selbst die allerkleinste Gesprächspause nicht ertragen kann. Für Betroffene dehnt sich die Zeit in Gesprächspausen unendlich aus, weswegen sie auch die »Hundejahre der Kommunikation« genannt werden: Eine Minute Gesprächspause erscheint der Betroffenen siebenmal so lang. Mindestens!

Ursache ist, dass Betroffene die Verantwortung für eine Gesprächspause immer bei sich selbst vermuten und sie Sorge haben, als langweilige Person zu wirken. Darum versuchen sie alles, um zu kompensieren. Oder besser:

zu überkompensieren. Und ehe man es sich versieht, hat man plötzlich

a) irgendeinen Unsinn über Los Angeles und chinesisches Essen und das neue Buch von Sophie Kinsella zusammengesponnen,
b) die Krankenakte seiner Beziehung offengelegt,
c) Erlebnisse von Kollegen weitergetratscht, die man geschworen hatte, für sich zu behalten, oder
d) sich bereit erklärt, Überstunden oder unliebsame Jobs zu übernehmen.

Nichts bringt die eigenen Grundsätze von Betroffenen so sehr ins Schwanken wie eine Gesprächspause. Das Schlimme ist, dass Frau sich nach einem solchen Quasselanfall trotzdem oder gerade mies fühlt (siehe auch → *Gesprächskater*). Deswegen wird die Gesprächspause auch als das Duell des 21. Jahrhunderts bezeichnet: Wer zuerst redet, verliert.

Phantomfragenbeantworten, das

Ob eine Frau vom Phantomfragenbeantworten befallen ist, erkennt man daran, dass die Betroffene die Frage, die gestellt wurde, ignoriert, um eine Frage zu beantworten, die gar nicht gestellt wurde. Der Grund dafür ist aber nicht etwa Unkonzentriertheit oder gar Blödheit, wie manche Männer behaupten, sondern sind die komplexen Vorgänge im Gehirn der Frau, das zu unglaublichen Transferleistungen in der Lage ist, wovon Männer nur träumen können. Männer sehen natürlich nur das Resultat: Sie bekommen keine klare Antwort. Was aber nur daran liegt, dass sie mal wieder zu faul sind, um den Subtext zu entschlüsseln.

Beispiel 1:
Er fragt: »Willst du Schokolade?«
Sie antwortet: »Ja, ich hab welche gekauft.«
Bedeutung: Nimm du welche, wenn du willst, ich achte auf meine Figur und esse keine.

Beispiel 2:
Er fragt: »Möchtest du ein Brötchen?«
Sie antwortet: »Ich hab schon einen Kaffee getrunken.«
Bedeutung: Wenn du früher aufstehen würdest, hättest du das auch schon getan, aber du bist ja mal wieder bis Ultimo liegen geblieben, während ich Brötchen geholt habe.

Beispiel 3:
Er fragt: »Was in Gottes Namen ist das?«
Sie antwortet: »Ich habe mich mit Tante Berta getroffen, die hat mir was Unglaubliches erzählt …«
Bedeutung: Wenn du nicht auf den ersten Blick erkennst, dass dieser Pudel aus Porzellan irre wertvoll ist, dann musst du dir eben die ganze Story anhören …

Schwurbelsucht, die

Obwohl Männer bewiesenermaßen unter *Andeutungs-*

Resistenz (siehe *Männerkrankheiten*, Ullstein 2012) leiden, haben die allermeisten Frauen immer noch Schwierigkeiten damit, ihre Forderungen an die männliche Spezies klar und deutlich zu formulieren. Häufig hoffen sie immer noch darauf, dass ihnen der Partner den Wunsch von den Lippen abliest oder der Kollege von selbst merkt, dass er sie brüskiert hat. Das wird aber nicht passieren. Auch ein unterdrücktes Stöhnen und ein → *Henkersblick* reichen nicht aus, um dem Gegenüber das Missfallen deutlich zu machen. Wenn sich Frauen also tatsächlich einmal durchringen, einer Forderung verbal Ausdruck zu verleihen, vermeiden sie aber eine klare Ansage und drucksen und schwurbeln herum (»Ich bin jetzt so erschöpft und dabei müsste noch der Müll runtergebracht werden …«). Diese Strategie funktioniert natürlich kein bisschen. Wenn Frau wirklich etwas erreichen möchte, sollte sie sich schon klar ausdrücken.

Sprechtempofluktuation, die

Viele Frauen neigen dazu, ihr Sprechtempo je nach Situation zu verändern. In der Regel bezieht sich die Veränderung auf eine Beschleunigung. Denn Frauen neigen in positiven wie auch in negativen Stresssituationen dazu, immer schneller und schneller zu reden. Ein chaotisches, aber letztlich doch erfolgreiches Blind Date zum Beispiel kann zum stakkatoartigen Herausschleudern von Wörtern führen. Oder wenn während des eigenen Redebeitrags auf einer Konferenz die Zuhörer betreten schweigen und sich vielsagende Blicke zuwerfen, beginnt die Betroffene, ihren Vortrag als Zumutung zu empfinden, und rattert den Rest herunter wie ein ICE auf freier Strecke. Leider behält die Betroffene so am Ende tatsächlich recht: Ihr Vortrag war eine Zumutung. Und zwar genau ab dem Zeitpunkt, ab dem sie begonnen hat, ohne Punkt und Komma und in einem Wahnsinnstempo zu sprechen.

Standpaukenschwäche, die

Eng verwandt mit der → *Schwurbelsucht* ist die allgemeine Standpaukenschwäche. Dabei sucht die Betroffene zwar ursprünglich die Auseinandersetzung, bekommt aber plötzlich Angst vor der eigenen Courage und vor allem davor, wie eine verbiesterte Zimtzicke zu wirken, und schwächt die Meinung, die sie anderen eigentlich puffpaff an den Latz knallen wollte, durch übertrieben freundlichen Ton ab.

Beispiel:
Die Betroffene will dem notorischen Auf-die-Pelle-rück-Kollegen klar und deutlich mitteilen, dass sie sein Verhalten stört. Aber anstatt eines schlichten »Mich stört das, lass das bitte«, findet sie sich ungeahnt in einem Wortschwall wieder, der aus Sätzen besteht wie »Das war sicher nicht von dir beabsichtigt« oder »Das war ja vielleicht sogar nett gemeint«. Damit nicht genug: Um die Aktion des betreffenden Kollegen weiter zu relativieren, mündet besagter Wortschwall am Ende

gern in ein unmotiviertes Lachen. So rafft der Auf-die-Pelle-rück-Kollege natürlich überhaupt nicht, wie ernst es ihr damit tatsächlich ist. Wenn er überhaupt ein Wort von dem verstanden hat, was sie eigentlich ausdrücken wollte. Das Gleiche gilt natürlich auch für Konfrontationsgespräche mit dem rücksichtslosen Nachbarn, der übermächtigen Mutter, der rechthaberischen Kollegin, dem schwatzhaften Kita-Elternvertreter oder dem anmaßenden Chef. Wenn Frau aber ihre ernste Meinung nicht ernst vertritt, kann es sehr gut sein, dass sie nicht ernstgenommen wird.

Subtext-Entschlüsselungswahn, der

Während Männer nur einen Subtext kennen, der ihnen seit Generationen eingetrichtert wird (wenn sie nein sagt, meint sie ja), können Frauen mit Leichtigkeit jeden noch so komplizierten Subtext und damit die eigentliche Bedeutung des Satzes entschlüsseln.

Beispiele:
Chef sagt: »Das macht der Kollege Meier.«
Bedeutung: »Kollege Meier fängt bei einem Vortrag wenigstens nicht an zu stammeln.«

Verkäuferin sagt: »Das haben wir im Moment nicht vorrätig.«
Bedeutung: »Sie sind mit Ihrer desaströsen Frisur leider nicht gut genug, um zum erlauchten Kreis unserer Kundschaft dazuzugehören.«

Schwarm sagt: »Ich habe heute keine Zeit.«
Bedeutung: »Du hast beim letzten Mal so viel gesabbelt, dass ich es nicht noch ein zweites Mal ertrage.«

Am besten gelingt das Entschlüsseln des Subtextes übrigens zusammen mit der besten Freundin. Zu zweit schaffen es Frauen in Perfektion, jeden Satz und jedes Wort und jede Silbe, die irgendjemand zu ihnen gesagt hat, so zu interpretieren, wie sie *wirklich* gemeint waren. Gehen Frauen ihrerseits auf Sendung, garnieren sie ihre Aussagen ebenfalls gern mit einem Subtext, der ihnen selbst nur allzu deutlich erscheint, der bei anderen aber aus ihnen unerklärlichen Gründen oft nicht ankommt wie geplant.

Verbale Inkontinenz, die
Die verbale Inkontinenz bezieht sich auf das Unvermögen von Frauen, Informationen verschiedensten Inhalts und unabhängig von ihrer Geheimhaltungsstufe bei sich zu behalten. Es gibt vier Formen der verbalen Inkontinenz:

Bekenntnisdrang, der
Der Bekenntnisdrang äußert sich im unaufgeforderten Ablegen von Geständnissen, zum Teil auch grauenhafter Natur, in denen Betroffene zum Beispiel weder mit der Anzahl ihrer Dehnungsstreifen noch ihrer Hautunreinheiten oder der massiven Ausbreitung ihrer Cellulite hinter dem Berg halten. Der Bekenntnisdrang wird manchmal auch durch ein Reiz-Reaktions-Muster hervorgerufen, indem Frau sich an das Erste Tratschgesetz hält (»Wie ich dir, so du mir«).
Danach gilt die Regel: Erzählt einem jemand irgendwas Persönliches, ist man im Anschluss verpflichtet, sich zu revanchieren, indem man ebenfalls etwas Persönliches erzählt.
Betroffene des Bekenntnisdrangs schießen beim Einhalten dieser Regel manchmal etwas über das Ziel hinaus und offenbaren dem neuen Kollegen alles, aber auch wirklich alles über die vergeblichen Versuche, schwanger zu werden, obwohl er doch nur gebeichtet hatte, gern saure Gurken zu essen.

Hölzchen-auf-Stöckchen-Krankheit, die
Bei der Hölzchen-auf-Stöckchen-Krankheit kommt es in einer Art verbalisierter Gedankenflucht zum Abschweifen während des Erzählens, indem Frau zum Beispiel den Spagat vom Kauf eines neuen Autos über die Vor- und Nachteile von Kindersitzen bis hin zum Brechdurchfall auf der korsischen Serpentine schafft.

Vollständigkeitszwang, der
Beim Vollständigkeitszwang sind Betroffene nicht in der Lage, entscheidende Informationen zu filtern, so dass sie Berichte stets im Gesamtpaket überreichen. Zum Beispiel geben Betroffene in epischer Breite alle drei kursierenden Theorien, wie es zum Sturz des Sohnes auf dem Schulhof gekommen sein könnte, zum Besten, obwohl man doch nur wissen wollte, warum dieser ein Pflaster trägt.

Zungenbrennen, das
Das Zungenbrennen wird ausgelöst durch besonders brisante Nachrichten, die man so dringend weitererzählen möchte, dass sämtliche Geheimhaltungsstufen ignoriert werden. Die Ursache ist die vom Rest des Gehirns abgekoppelte, direkte Verbindung zwischen dem Dringende-Bekanntmachungs-Speicher und dem Sprechapparat. Liegt eine aufregende Information im Dringende-Bekanntmachungs-Speicher vor, muss die Betroffene sie umgehend loswerden,

weil andernfalls sämtliche andere Gehirnaktivitäten blockiert sind. Nur so ist es zu erklären, dass Betroffene auch niemals eine passende Gelegenheit abwarten, sondern die Nachricht jetzt und sofort weitererzählen müssen.
Bei Schwerbetroffenen der Krankheit führen nicht nur besonders brisante Informationen zum Zungenbrennen, sondern beispielsweise auch ein Anlass zum Ärgern, mit der Konsequenz, dass sie ihrer Wut sofort Luft machen müssen, ohne vielleicht mal fünf Minuten darüber nachzudenken, ob es eine wirklich gute Idee ist, den Partner/die Freundin/die Verkäuferin zusammenzustauchen, ohne genau zu wissen, ob sie die Sache tatsächlich verbockt haben.

Widerspruchsprovokation, die

Die Widerspruchsprovokation ist ein weitverbreitetes Leiden, bei dem die Betroffene eine negative Behauptung über sich selbst aufstellt, um bei ihrem Gegenüber Widerspruch gegen das Gesagte zu provozieren. So sagt sie zum Beispiel: »Ich bin zu dick/blöd/hässlich« oder »Der Dingsda mag mich nicht« in der sicheren Annahme, dass das Gegenüber versuchen wird, sie vom Gegenteil zu überzeugen, von dem sie ja eigentlich auch selbst überzeugt ist, es aber bestätigt haben möchte. Die Widerspruchsprovokation ist dafür in der Regel eine gute Taktik. Solange man es nicht übertreibt. Denn irgendwann kann es sein, dass diese Angewohnheit selbst der wohlmeinendsten Bezugsperson schwer auf den Zünder geht und sie beim nächsten Jammeranfall einfach nicht widerspricht. Dann ist das Drama natürlich groß, weil die Betroffene in eine schwere Ich-bin-offensichtlich-tatsächlich-zu-dick/blöd/hässlich-und-keiner-mag-mich-Krise stürzt, aus der sie sich nur selbst befreien kann, indem sie endlich einsieht, das sie natürlich keineswegs zu dick/blöd/hässlich ist und niemals war. Wenn sie das geschafft hat, wird sie in Zukunft solche absurden Behauptungen mit großer Wahrscheinlichkeit nicht mehr aufstellen. Jedenfalls nicht mehr der Person gegenüber, die sie so hat auflaufen lassen …

Lächelreflex, der

Der Lächelreflex äußert sich darin, dass Betroffene alle Leute angrinsen, egal, wie sauer sie auf sie sind. Auch jede

Forderung und jede Standpauke wird in ein Lächeln verpackt. So sendet Frau aber leider gleichzeitig zwei völlig paradoxe Signale aus. Schafft es die Betroffene, in Tony-Soprano-Manier so maliziös zu lächeln, dass dem Gegenüber ein Schauer über den Rücken läuft, ist das in Ordnung, weil dieses Lächeln seine Wirkung nicht verfehlen wird. Grient die Betroffene aber wie ein Schulmädchen im Prinzessin-Lillifee-Rausch vor sich hin, während sie den stümperhaften Handwerker oder den schlampigen Kollegen zusammenfaltet, darf sie sich nicht wundern, wenn die Wirkung zu wünschen übriglässt. Siehe auch → *Standpaukenschwäche* (Sonderteil Kommunikationswahnsinn).

Lästern, das

Im Gegensatz zum harmlosen Tratschen ist das Lästern gekennzeichnet als Austausch von Informationen unterschiedlichen Wahrheitsgehalts über nicht anwesende Personen zum Zwecke deren Abwertung und/oder Aufwertung der eigenen Person. Solange das Lästern zeitlich begrenzt auftritt und das vorsätzliche Verbreiten von Gerüchten ausschließt, ist es gesellschaftlich breit akzeptiert, geht es zum Beispiel um Rivalinnen im privaten oder beruflichen Bereich. Auch ein akuter Anfall von → *Extremlästern* nach einer Trennung über die Frau, die einem den Mann ausgespannt hat, und den Blödmann, der sich hat ausspannen lassen, ist noch kein Grund, um sich Sorgen zu machen. Gemeingefährlich sind aber folgende zwei Formen von Lästern:

Komplimentlästern, das
Beim Komplimentlästern wird eingangs etwas vermeintlich Positives über eine Person gesagt, nur, um gleich im Anschluss etwas sehr Negatives über sie hinterherzuschieben, zum Beispiel: »Ich bewundere die total. Sie steckt so gut weg, dass sie so zugenommen hat!« oder »Sie ist so selbstbewusst! Sie hat echt überhaupt nicht die Kopfform für diese Frisur, und es ist ihr trotzdem gar nicht peinlich!«
Das Komplimentlästern ist eine perfide Taktik, um eine Gesprächspartnerin auf ihre Lästerbereitschaft zu testen und seine eigene Vorliebe für das Extremlästern zu tarnen.

Extremlästern, das
Das Extremlästern gehört ganz klar zu den fiesesten und am wenigsten zu akzeptierenden Frauenmacken. Während jede Frau mal ab und zu über Rivalinnen, Bekannte oder Kolleginnen lästert, ist das Extremlästern aber glücklicherweise nicht so weit verbreitet. Es definiert sich als endloses Durchkauen von Fakten, Gerüchten und Lügen mit dem einzigen Ziel, Leute schlechtzumachen. Das Allgemeine Extremlästern ist dabei nicht auf eine bestimmte Person oder einen Personenkreis beschränkt, sondern wird auf alle und jeden angewandt und macht weder vor Familienangehörigen noch Freunden halt. Dem Extremlästern liegt ein gehöriges Maß an Boshaftigkeit zugrunde. Auf Frauen mit genetischer Disposi-

tion kann Extremlästern bei zu viel Nähe zu Betroffenen ansteckend wirken. Ein ungünstiger Fall! Denn das Extremlästern verläuft oft chronisch, die Heilungsprognose ist äußerst schlecht. Betroffene vom unheilbaren Chronischen Extremlästern werden auch als *Lästerbiester* bezeichnet.

ACHTUNG! VOR LÄSTERBIESTERN WIRD GEWARNT

Das Lebenselixier der Lästerbiester ist es, über andere herzuziehen. Normale Unterhaltungen kann man mit ihnen nicht führen, denn jedes noch so harmlose Thema wird sofort auf irgendeine Person geleitet, die in die Mangel genommen wird. Dabei interpretieren und deuten Betroffene jede kleinste Äußerung oder Handlung des jeweiligen Lästerobjekts um, halten sie unter das Zerrglas des Hasses, bis sie bewiesen haben, dass das Lästerobjekt die dümmste/hässlichste/idiotischste Person der Welt ist. Lästerbiestern gelingt es dabei häufig, das Zusammensein mit den jeweiligen Gesprächspartnern unterhaltsam zu gestalten und den Anwesenden ein gutes Gefühl zu vermitteln, weil sie immerhin ins Vertrauen gezogen werden. Es kann sogar sein, dass ein Lästerbiest als Freundin betrachtet wird. Oder sogar als beste Freundin. Nur über eines sollte man sich immer im Klaren sein: Lästerbiester lästern über alle. Und selbst wenn sie so tun, als wären sie die allerbeste Freundin – es wird der Tag kommen, an dem sie auch über einen selbst lästern. Und dann wird alles, was man ihnen jemals gesagt und anvertraut oder getan hat, gegen einen verwendet. Deswegen gilt die dringende Empfehlung: Um Lästerbiester einen großen Bogen machen!

Last-minute-Outfit-Stress, der

Im Gegensatz zum → *Kleidungsmangel*, der einen chronischen Zustand der gefühlten Unterversorgung mit zu Anlass und Stimmung passenden Klamotten bezeichnet, äußert sich der Last-minute-Outfit-Stress mittels akuter Beschwerden kurz vor einem Großereignis. Und das, obwohl Frau genau das vermeiden wollte und sich deswegen schon Wochen vorher ihr Kleidungs- und Accessoire-Ensemble für die Hochzeit der Cousine ausgewählt hat. Aber aus heiterem Himmel ist sie sich dann eine halbe Stunde vor Abfahrt nicht mehr sicher, ob das neue, mangogelbe Kleid wirklich mit ihrem Teint harmoniert, der Hosenanzug nicht doch bieder und langweilig wirkt oder ob man in dem knallengen, pinkfarbenen Taftkleid nicht doch aussieht wie eine männermordende Schlampe, die der Braut die Schau stehlen will … Anfälle von Last-minute-Outfit-Stress können auch durch → *Overdressed Panik* oder → *Underdressed Panik* ausgelöst werden. In totaler Hektik räumt die Betroffene daraufhin ihren halben Kleiderschrank aus, probiert in Windeseile noch drei bis sieben Outfits an, erleidet im schlimmsten Fall einen → *Entscheidungskrampf* und ist schließlich aus Zeitnot gezwungen, doch das immergleiche Kostüm in Weinrot zu wählen oder auf das zuerst gewählte Outfit zurückzugreifen. Egal wie sie sich letztendlich entscheidet: Die ganze Party über bleibt der Zweifel, ob eines der anderen Outfits nicht doch besser gewesen wäre. Siehe auch → *Chronische Entscheidungsunzufriedenheit*.

Lebensverbesserungsversicherung, die

Bei der Lebensverbesserungsversicherung macht die Betroffene sich weis, dass ihr Leben besser wird, wenn sie erst einen bestimmten körperlichen Zustand erreicht hat. Zum Beispiel:

a) Wenn ich erst drei Kilo abgenommen habe, dann frage ich meinen Kollegen, ob er mit mir ausgeht.

b) Wenn ich erst lange Haare habe, dann bin ich zufrieden mit mir.

c) Wenn ich erst die Brüste operiert habe, dann wird mein Mann mir treu bleiben.

Betroffene der Lebensverbesserungsversicherung sind dabei in der Lage, einen momentanen Zustand der Unzufriedenheit zu überdecken, indem sie sich selbst vorgaukeln, dass drei Kilo weniger oder die richtige Haarlänge oder Körperrundungen Traummann/Glück/Anerkennung evozieren und garantieren. Leider müssen Betroffene aber oft feststellen, dass sich mit dem Abnehmen oder der neuen Frisur gar nicht viel verändert. Und dass es viel befriedigender wäre, das Zufriedensein nicht auf später zu verschieben, sondern jetzt damit anzufangen. Und den Traummann direkt anzusprechen. Es soll vorkommen, dass er einen so mag, wie man ist.

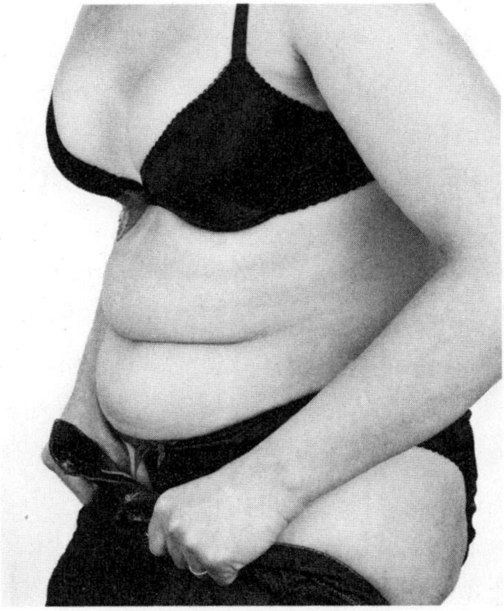

Leistungsdegradierung, die

Vielen Frauen ist es nahezu unmöglich, selbstbewusst über ihre Leistungen zu reden, weil sie immer Sorge haben, sie könnten als Angeberinnen daherkommen. Während Männer meist überhaupt kein Problem damit haben, selbst eigenes Halbwissen und mittelmäßiges Talent als gehaltserhöhungswürdig zu preisen, stellen Frauen automatisch ihr Licht unter den Scheffel und verkaufen sich total unter ihrem Wert. Schön blöd. An dieser Stelle sei auf das Kapitel verwiesen → *Was wir von Männern lernen können*.

Liebeskrampf, der

Beim Liebeskrampf kommt es bei der Betroffenen unabhängig von der Beschaffenheit ihrer Beziehung zur übermäßigen Zurschaustellung von Verliebtheit, was besonders im Zustand der Beziehungsanbahnung auf den potentiellen Partner abschreckend wirken kann. Wittert der Mann eine Klette, ist er meistens schneller weg, als man »Wann sehen wir uns wieder?« sagen kann. Deswegen ist vom Versenden von mehr als fünfzehn SMS pro Tag, dem Schicken von parfümierten Blumensträußen an seine Arbeitsstelle und dem Auflauern in seinem Fitnessstudio abzusehen, jedenfalls so lange, bis man sich sicher ist, dass er die gleichen Gefühle hegt.

Liebeskummerinduzierte Exzessberechtigung, die

Bei Liebeskummer ist alles erlaubt: Ben-&-Jerry's-Eis in der Familienpackung, teure Lomi-Lomi-Massagen, nächtelanger DVD-Konsum, alkoholische Zügellosigkeit, Verzweiflungs-One-Night-Stands, Gedichtelesen, Unheilig und Xavier Naidoo hören und Shopping, Shopping, Shopping. Alles eben, bei dem einem sonst die Vernunft oder der Dispokredit sagen, es ist nicht möglich, ist in diesem Ausnahmezustand bewilligt. Geld und gesundheitliche Fragen spielen keine Rolle, um sich zu entschädigen, zu belohnen und sich selbst wieder aufzupäppeln. Das Ganze kann mitunter so spaßig ausarten, dass Frau irgendwann fast mit Bedauern feststellt, dass der Typ, wegen dem sie in die Krise stürzte, schon in Vergessenheit geraten ist.

Lippenpflegestiftsucht, die

Die Lippenpflegestiftsucht bezeichnet die Abhängigkeit von Pflegeprodukten für die empfindlichen Lippen, deren Pflege aus vielerlei Gründen besonders wichtig ist. Denn sie müssen schön glatt und weich sein für

a) das perfekte Schminken mit Lippenstift,
b) für ein perfektes Lächeln,
c) für einen perfekten Kuss.

Lippenstiftsucht, die

Bezeichnet die Abhängigkeit von Lippenstiften zur Dekoration des Mundes in unterschiedlichen Farben. Siehe auch → *Schminkwahn.*

Lippenstiftzahn, der

Manche Frauen können sich ungerechterweise noch so sorgfältig den Lippenstift auf die Lippen pinseln, nach kürzester Zeit klebt er doch auf den Schneidezähnen. Die Ursache für den Lippenstiftzahn ist nicht bekannt, und wenn doch, würde das auch nichts nützen. Betroffene des Lippenstiftzahns sollten also nur dann knallige Farben auf ihren Mund auftragen, wenn sie eine Freundin dabeihaben, die einen eventuellen Lippenstiftzahn im Auge behalten und darauf hinweisen kann, und ansonsten auf Farben zurückgreifen, die mit dem Zahnbelag harmonieren.

Lobgiftspritzen, das

Während beim Komplimentelästern über eine nicht anwesende Person hergezogen wird, bietet das Lobgiftspritzen die Möglichkeit, anderen Frauen von Angesicht zu Angesicht eins reinzuwürgen. Beim Lobgiftspritzen verteilen Frauen nämlich vermeintliche Komplimente an andere Frauen, nur um in Wirklichkeit das Gegenüber zu diskreditieren und/oder sich selbst aufzuwerten.

Beispiel:

a) »Ich bewundere deinen Mut, ein solches Kleid zu tragen.«
b) »Deine Frisur ist klasse. Du siehst richtig gediegen aus.«
c) »Dein Rock gefällt mir. So einen habe ich mir schon letztes Jahr gekauft.«

Makelbekenntnisdrang, der

Viele Frauen neigen dazu, völlig ohne Not auf ihre optischen Mängel hinzuweisen. Das allein ist schon ziemlich behämmert, aber in Kombination mit der Bitte an das Gegenüber, diesen Makel nicht zu beachten, wird die Aktion komplett unsinnig, da die Betroffene den Gesprächspartner doch gerade selbst mit der Nase auf das gestoßen hat, was er aber bitte nicht bemerken soll. Der Makelbekenntnisdrang äußert sich zum Beispiel in Bemerkungen wie:

a) »Guck nicht hin, meine Haare sehen heute schrecklich aus!«
b) »Achte nicht drauf, aber dieser Pickel ist so schlimm, dass selbst der Abdeckstift versagt!«
c) »Ich weiß, dass der Fahrradhelm total doof aussieht, weil meine Ohren damit noch mehr abstehen. Sieh bloß nicht hin!«

Die genaue Ursache für den Makelbekenntnisdrang ist unbekannt, liegt aber vermutlich in dem Sprichwort »Angriff ist die beste Verteidigung«, das mit abstruser weiblicher Logik umgedeutet etwa so viel bedeutet wie: Immer noch besser, sich selbst fertigzumachen, als wenn andere es tun.

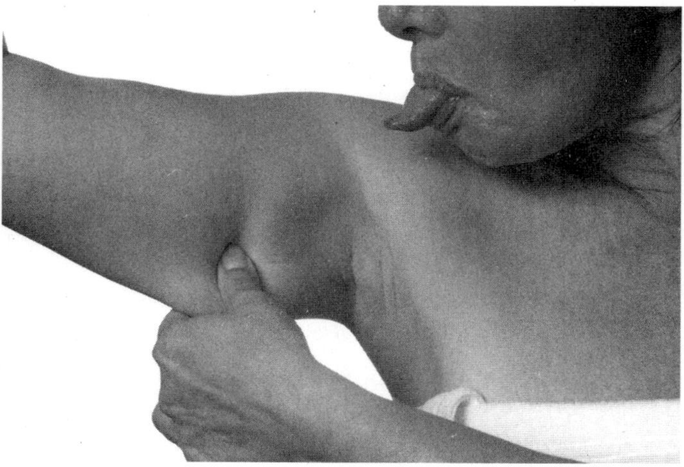

Makelkoketterie, die

Die Makelkoketterie ist unter Frauen so extrem weit verbreitet, dass sie fast wie eine obligatorische Pflicht daher kommt. Bei der Makelkoketterie klagt die Betroffene ihren Freundinnen ihr Leid über dicke Hüften/dünne Haare/große Nase und andere tatsächliche Problemzonen.

Bei der *Fortgeschrittenen Makelkoketterie* jammert die Betroffene über Makel, die kaum sichtbar sind, wie minimal zu dicke Oberschenkel oder mikroskopisch kleine Hautunreinheiten. Ursachen für die Fortgeschrittene Makelkoketterie können sein, dass

a) in der Wahrnehmungsverzerrung der Betroffenen die kleinen Makel exorbitant wirken,
b) die Betroffene zwar weiß, dass ihre Makel verschwindend gering sind, sich das aber gern noch einmal von anderen bestätigen lassen möchte,
c) die Betroffene im Vergleich zu den anderen, die mit echten Makeln fertig werden müssen, nicht zugeben will, dass sie im Großen und Ganzen mit sich zufrieden ist, um bloß nicht als eingebildet und arrogant dazustehen.

Die Fortgeschrittene Makelkoketterie wird gesellschaftlich noch gerade so akzeptiert. Bei der *Pseudomakelkoketterie* aber ist Schluss mit lustig. Denn hier jammert die Betroffene über angebliche Makel, die nie welche waren, nie welche sein werden und selbst mit Absicht zur allergrößten Häme nicht als Makel identifiziert werden können.

Da hört dann das Verständnis auf Seiten aller dickbäuchigen, breithüftigen, pickeligen, höckernasigen, klein- oder hängebusigen, wurstfingerigen, feinhaarigen, schmallippigen, großfüßigen und kleinäugigen Frauen auf. Von einer perfekten Frau will man kein Gejammer hören. Und solche Frauen, die keinen einzigen echten körperlichen Makel vorweisen können, sich aber dennoch über welche beschweren, werden schnell aus der Gruppe ausgestoßen. Sie haben dann nur die Möglichkeit, den Trumpf der Psychischen oder Charakterlichen Makel zu ziehen, und den Freundinnen vorzujammern, wie dumm sie sich doch wieder ihrem Freund/ihrer Familie/ihren Kollegen und dem Chef gegenüber verhalten haben. Wenn die Betroffene das überzeugend tut, kann ihr Verbleib in der Gruppe als gesichert gelten.

Achtung Infektionsgefahr:
Makelkoketterie extrem ansteckend!
Wenn Frau A über ihre kräftigen Fesseln oder ihr Unvermögen, vor anderen eine Rede zu halten, jammert, wird Frau B sofort angesteckt.
Symptome: Frau B widerspricht, dass Frau A überhaupt keinen Grund zum Jammern habe. Und selbst wenn Frau B normalerweise mit sich zufrieden ist, kommt es in der hochinfektiösen Umgebung nicht selten vor, dass sie ebenfalls sofort damit beginnt, ihrerseits eigene Makel anzupreisen. Findet weder Frau A noch Frau B den Ausstieg, kann sich ein regelrechter Makelkoketterie-Teufelskreis entwickeln,

ein Wettbewerb der (eingebildeten) Hässlichkeiten, bis selbst Handgelenke (zu speckig), Kniekehlen (zu weiß), Zehen (zu lang) und Ohrläppchen (zu fleischig) als Makel ausgewiesen werden, in der Hoffnung, doch endlich der Freundin beweisen zu können, dass sie selbst überhaupt keinen Grund zum Jammern habe, wohingegen man selbst …

Massive-Gelenke-Scham, die

Analog zum → *Figürchenneid* wünschen sich die meisten Frauen einen feingliedrigen, gazellenartigen Knochenbau. Der war aber bei der Vergabe leider genauso schnell aus wie die Karl-Lagerfeld-Kollektion bei H&M. Die meisten Frauen müssen sich also mit einem normalen Knochenbau begnügen. Getreu dem weiblichen Motto »Mit irgendetwas muss man ja unzufrieden sein«, haben manche Frauen ihre *nicht*gazellenartigen Gelenke zur nie versiegenden Quelle der Frustration auserkoren. Dieser Zustand der Ablehnung wird auch Massive-Gelenke-Scham genannt. Sie führt dazu, dass die Betroffenen mit ihrer Schulterbreite hadern, ihre Handgelenke eines Bauarbeiters und ihre stämmigen Knöchel eines kirgisischen Gewichthebers würdig diskreditieren. Betroffene fühlen sich dabei besonders vom Schicksal verhöhnt, da sich mit keiner Diät der Welt der Knochenbau korrigieren lässt, wohingegen Übergewichtigen mit schlanken Gelenken immer der Trumpf bleibt, über eine naturgegebene, weibliche Zartheit zu verfügen, die momentan nur eben von einer Speckschicht überdeckt ist.

Die Massive-Gelenke-Scham gehört zu dem großen Katalog der völlig überflüssigen Frauenkrankheiten, die aus einer fehlgeleiteten Definition von angeblichen Idealmaßen entstanden sind.

Meinungsfluktuation, die

Auch genannt *Wurmfortsatzquasseln*.

Die Akute Meinungsfluktuation ist eine Variante der → *Meinungsverstopfung*. Dabei nimmt Frau zu Beginn einer Diskussion eine bestimmte Position ein, rechnet dabei aber nicht mit der negativen Reaktion der anderen. Sie redet daraufhin so lange weiter, bis sich durch Relativierungen aller Art die eigene Meinung so verändert hat, dass sie sich nicht mehr von der der anderen unterscheidet.

Meinungsverstopfung, die

Eine Meinungsverstopfung liegt vor, wenn eine Frau auf eine eigene Meinung oder zumindest auf deren Bekanntmachung verzichtet, um eine Meinungsverschiedenheit von vornherein zu vermeiden, die ja eventuell in einer Auseinandersetzung münden könnte. Siehe auch → *Konfliktangst*.

Mitgefühlsvampirismus, der

Der Mitgefühlsvampirismus bezeichnet den ständigen Hunger der Betroffenen nach Mitgefühl, weswegen sie ihre Freundinnen als Mitgefühlswirte benutzt, indem sie ihnen regelmäßig und ausführlich ihre Probleme schildert. Die Betroffene kreist in ihrem eigenen Universum, alles dreht sich nur um sie selbst und ihre prekäre Lage, und sie erkennt nicht, dass den anderen irgendwann die ewig gleichen Storys über den untreuen Freund oder die rechthaberische Schwester auf die Nerven gehen. An Ratschlägen zur Lösung ihrer Probleme ist die Betroffene jedoch gar nicht interessiert. Sie braucht nur Anteilnahme.

Nach geraumer Zeit der Nutzung als Wirte fühlen sich die Freundinnen aber mitgefühlsleer: Ihr Verständnis für die Dauerprobleme der Betroffenen nimmt rapide ab. Als Gegenreaktion wird die Betroffene ihre Jammerei intensivieren, bis die Freundinnen sich irgendwann komplett zurückziehen, weil sie es einfach nicht mehr hören können. Der Mitgefühlsvampirismus kann akut, zum Beispiel nach Trennungen, aber auch chronisch auftreten. Spätestens, wenn die Freundinnen nicht mehr als Mitgefühlswirte zur Verfügung stehen, merkt die Betroffene, dass sie vielleicht doch etwas an ihrem Leben ändern sollte.

Weiberwahnsinnige Sprichwörter
Wer schön sein will, muss frieren.

Modeinduzierte Kälteunempfindlichkeit, die

Obwohl Frauen im Allgemeinen in der Lage sind, bei 22 Grad Raumtemperatur zu frieren, tritt besonders bei jungen Frauen das seltsame Phänomen der Modeinduzierten Kälteunempfindlichkeit auf, die sie dazu veranlasst, sich in Minirock, tief dekolletiertem Kleid, leichten, durchsichtigen Blusen oder viel zu kurzen Jäckchen über Hüfthosen ins Schneetreiben zu stürzen, wenn es den Gepflogenheiten der Freundinnen entspricht oder der Kontaktaufnahme mit dem männlichen Geschlecht dient. Da werden Arme, Beine und die gesamte Nierenbeckengegend tapfer den eisigen Elementen ausgesetzt, Mützen weggelassen, weil sie die Frisur zerstören, und dicke Jacken, weil sie die Silhouette aufplustern. Mit vernünftigen Argumenten oder gar Drohungen mit Lungen- und Blasenentzündung ist den Betroffenen in der Regel nicht beizukommen, denn sie leben nur für den Augenblick, in dem ihre Hoffnung auf Anerkennung und Liebesglück übermächtig ist.

Die Krankheit kuriert sich in der Regel im Laufe der Jahre von selbst, wenn die Betroffenen gelernt haben, dass ihnen bei freizügigem Äußeren nicht immer die Herzen, aber auf jeden Fall die Grippeviren zufliegen und ein sexy Dress absolut keine Garantie auf Erfolg in der Liebe ist. Doch irgendwann wird sich jede von uns angesichts der Bilder aus der eigenen Jugend wehmütig fragen, wann sie eigentlich dazu übergegangen ist, sich nur noch nach praktischen Erwägungen zu kleiden? Um sich dann zum Trotz bei der nächsten Silvesterparty in einem frühlingshaften Outfit viele Komplimente und eine saftige Erkältung abzuholen. Aber gelohnt hat es sich trotzdem, denn so viel Aufmerksamkeit und Spaß hatte man lange nicht mehr!

Montagskrankheit, die

Die Montagskrankheit ist eine sehr weit verbreitete Frauenkrankheit, die sich darin äußert, dass man gute Vorsätze immer auf den nächsten Montag verschiebt, was anfänglich eine erstaunliche Erleichterung mit sich bringt. »Ab Montag mache ich Diät«, sagt man sich donnerstags. Vorteil: Man genießt ein Schlemmerwochenende ohne schlechtes Gewissen.

Nachteil: Der Montag kommt unausweichlich. Und

dann muss man seinen guten Vorsatz wohl oder übel in die Tat umsetzen. Das ist blöd. Das Gute aber ist: Das Jahr hat mindestens 52 Montage! Und wenn man nicht diesen Montag mit der Diät beginnt, dann eben am nächsten. Oder übernächsten …

Moralsteigernde Fressattacken, die

Moralsteigernde Fressattacken äußern sich in der Einnahme hochprozentiger Kaloriuosen zur mentalen Vorbereitung auf eine lange Zeit der Entbehrung. Steht zum Beispiel fest, dass man am Montag mit der Diät beginnt, ist es nur vernünftig, vorher noch mal richtig zu schlemmen, um mehr Motivation und Durchhaltewillen für die Zeit der Entbehrung zu sammeln. Und Pfunde natürlich. Denn es ist allgemein bekannt, dass Frau eine Diät umso besser durchhält, je mehr Grund sie dafür hat.

Motivationssteigernder Investitionsdrang, der

Unter dem Motivationssteigernden Investitionsdrang wird der zwanghafte Erwerb von Konsumgütern verstanden, die dem Zweck dienen sollen, endlich die guten Vorsätze in die Tat umzusetzen. Dabei gibt es drei Arten von Motivationskäufen:

a) Gebrauchsgüter, die unmittelbar zu Ernährungsumstellung und Sporttreiben anleiten, wie Sportgeräte, Selbsthilfebücher, Pilates-DVDs und Fitnessstudioclubmitgliedschaften,
b) exklusive Kleidungsstücke, die indirekt auf das eigene Wohlbefinden einwirken, indem man sich das Tragen derselben erst noch mit Abnehmen verdienen muss, wie hautenge Lederhosen, Schlauchminikleider und Bandeau-Bikinis, mindestens eine Kleidergröße kleiner als die eigene,
c) wahnsinnig gesunde und kalorienarme Lebensmittel wie Sellerie und Weißkohl, die man eigentlich überhaupt nicht mag, für deren leckere Zubereitung man sich aber extra ein sündhaft teures Kochbuch gekauft hat und deren Besitz allein wie eine Vitaminspritze wirkt.

Das Problem beim Motivationssteigernden Investitionsdrang ist, dass man sich allein durch den Erwerb der gesundheitsfördernden Konsumgüter schon fast auf der Zielgeraden des neuen Lebenswegs wähnt und sich für diesen Erfolg erst einmal mit einem Latte macchiato belohnt, mit extra Karamell-Topping natürlich, während man in der Gebrauchsanweisung seines neuen Body-Coach-Slingtrainers schmökert.

Bei leichter Ausprägung des Motivationssteigernden Investitionsdrangs ist die Betroffene noch lernfähig und wird aus dem Stapel ungetragener Catsuits schließen, dass deren Kauf leider nicht in eine erfolgreiche Diät mündete. Im besten Fall wird sie aufhören, ihr Geld zum Fenster herauszuschmeißen. Bei starker Ausprägung des Motivationssteigernden Investitionsdrangs kann dieser Erkenntnisgewinn leider nicht mehr erreicht werden. Die Betroffene besitzt den unheilbaren, unerschütterlichen Glauben, dass die nächste Investition nun aber *wirklich* hilft.

Motivationssteigernder Sammeldrang, der

Beim Motivationssteigernden Sammeldrang weigert sich die Betroffene, zu klein gewordene Kleidungsstücke auszusortieren, um sich von Zeit zu Zeit selbst mit der Erkenntnis zu verblüffen, wie schlank sie doch einmal war, und sich daraufhin fest vorzunehmen, irgendwann wieder die Hose vom Schulabschluss tragen zu können. Spätestens aber wenn man die alte Lieblingsjeans nur noch bis zu den Knien hochgezogen bekommt, sollte man darüber nachdenken, wie sinnvoll es wirklich ist, seinen Kleiderschrank mit Sachen zu verstopfen, in die man wissenschaftlichen Erkenntnissen, genereller Lebenserfahrung und allen Regeln der Vernunft zufolge nie, nie, nie wieder hineinpassen wird.

Das Aussortieren fällt natürlich schwer, da man sich ja nicht nur von seinen Klamotten, sondern auch vom Traum verabschieden muss, noch einmal richtig schlank zu sein. Hier sei angeraten, sich einen neuen, realistischen Traum zuzulegen, der Kleidergrößen unter 40 ausschließt, oder sich alte, ganz alte und richtig antike Folgen der *Lindenstraße* anzusehen, um sich am Älterwerden und Auseinandergehen der Darsteller zu ergötzen und zu akzeptieren, dass das der natürliche Lauf der Dinge und man selbst in bester Gesellschaft ist. Dann wird man sich angesichts der alten Discohose nicht mehr mit unsinnigen Diätvorsätzen quälen, sondern sich nur noch voller Glück die Zeit ins Gedächtnis rufen, in der man richtig schlank war. Und wenn man an diesen Punkt gekommen ist, haben die alten Hosen nicht nur für immer ihren Platz im Schrank verdient, sondern auch in unseren Herzen, Amen.

Multitaskingwahn, der

Irgendeiner (wahrscheinlich ein Mann) hat mal irgendwann (wahrscheinlich während der Hausarbeit) die Behauptung aufgestellt, Frauen könnten Multitasking. Was bei vielen Männern dazu geführt hat, Frauen mit bestem Gewissen die Arbeit zu überlassen. Und bei vielen Frauen hat das wiederum dazu geführt, dass sie sich ständig selbst überfordern. Denn eigentlich ist auch für Frauen gleichzeitiges Telefonieren, Kochen, Kinderhüten, Fensterputzen, Onlineshoppen und Twittern zu viel.

Müsseritis, die

Während Männer sehr oft zufrieden mit der derzeitigen Situation sind (oder zu faul, diese zu ändern), sind Frauen ständig auf der Suche nach Optimierung, die alles noch besser machen würde. Das ist im Grunde zwar eine gute Einstellung, solange sie nicht in Müsseritis endet. Bei dieser Krankheit nämlich verbreitet die Betroffene ziemliche Hektik durch ständiges Wiederholen der Parole »Wir müssen noch dies oder das oder jenes tun!«. Dabei geht die Müsseritis schnell von Dingen, die *wirklich* gemacht werden müssen, auf Dinge über, die *eigentlich* noch gemacht werden müssten, die man aber aus gutem Grund immer weiter vor sich herschiebt, wie die dauerquasselnde Bekannte zurückzurufen oder die Garage aufzuräumen. Da ist es hilfreich, sich einmal ganz ehrlich selbst die Fragen zu beantworten: »Warum müssen wir das überhaupt tun?, »Wer sagt, dass wir es tun müssen?« und »Wem ist damit geholfen, wenn wir es tun?« Da kann es nämlich gut sein, dass einem keine vernünftige Antwort einfällt.

SONDERTEIL Mütterwahnsinn

Angebermamis, die

Natürlich ist jede Mutter stolz auf ihr Kind und hält es für das süßeste und tollste der Welt. Das soll auch so sein. Angebermamis aber wollen andere Mütter ständig übertrumpfen. Sie lassen nicht zu, dass irgendein anderes Kind als weiter entwickelt, intelligenter oder beliebter dasteht. Immer werden sie noch einen draufsetzen, was ihr Kind auch »schon ganz allein« kann, wo »selbst die Erzieherinnen staunen« und der Kinderarzt gesagt hat, »so was gibt es ganz selten«. Ein typisches Verhalten von Angebermamis ist auch, völlig normale Entwicklungsschritte des Kindes als Geniestreich zu verkaufen. Sie fallen übrigens gern auf sauteure, frühkindliche Förderangebote herein, die ihrem Kind einen Vorsprung vor den anderen verschaffen könnten, wobei die vorsichtige Nachfrage, wozu das gut sein soll, gern pauschal mit »Das kann auf keinen Fall schaden« abgetan wird.

Autobiographischer Wahnsinn

Babyschwimmkurs. Die Kinder sind zwischen neun und zwölf Monate alt. Eine Mutter, nennen wir sie Peggy, behauptet in der Umkleide, dass ihr Kind, die kleine Sofia, schon ganz toll sprechen kann. »Nicht wahr, Sofia? Du kannst schon sprechen!«

Sofia glotzt sie stumm an. Peggy hüstelt verlegen und fängt an, motivierend auf Sofia einzureden: »Hallo. Hall*ooo*. *Hallo!* HALLO!« Gefühlte achttausend Mal wiederholt sie das Wort und moduliert dabei ihre Stimme wie eine Schauspielerin bei einem Stimmbandtrainingsexzess. Sofia bleibt stumm.

Peggy wirft einen nervösen Blick in die Runde und ist froh, dass niemand einen Kommentar abgibt.

Dann gehen wir ins Wasser. Aufwärmlied, Kinder planschen, Kinder krabbeln über Matten, Kinder spritzen Wasser, Kinder spielen mit dem Ball.

Plötzlich öffnet Sofia den Mund und sagt: »Booäää.«

»Ja«, kreischt Peggy in Affenlautstärke. »Ball! Richtig, Sofia! Das ist ein *Ball*!«

Welch ein Triumph! Während alle anderen Babys nur brabbeln, kann Sofia schon sprechen! Nur in welcher Sprache, das wurde nie geklärt.

Durchzugsohren, die

Die Durchzugsohren sind eine typische Müttererkrankung, die sich über die Jahre entwickelt, in denen man den ganzen Tag von den Kindern zugetextet wird, egal, ob man gerade einen Zeitungsartikel liest oder sich mit der Steuererklärung befasst oder einfach mal in Ruhe eine Tasse Kaffee trinken will. Ist man ständig auf Dauerempfang geschaltet, wenn sich das Kind in haarkleiner Beschreibung der Regeln des Spiels »Inselball« oder des genauen Verlaufs des Wortgefechts mit anschließendem Handgemenge mit Paul verliert, ist irgendwann der Kanal voll, und die Ohren schalten automatisch auf Durchzug. Sicheres Anzeichen für Durchzugsohren ist das automatische Mhmm-Jajaa-Sagen, obwohl das Kind gerade bestimmt hat, dass es zur Karnevalsfeier in der Schule als Tiger mit Schwert und Knallpistole geht oder dass es Nutella mit dem Löffel essen darf. Meist geht die Mutter erst dann wieder auf Empfang, wenn das Kind sie völlig baff anstarrt und ungläubig nachfragt: »Darf ich wirklich?«

»Äh … Was denn?«

Einen kritischen Verlauf kann die Krankheit nehmen, wenn die Ohren auch nach dem Zubettgehen des Kindes auf Durchzug geschaltet sind und so auch das Gerede des Ehemannes das Hörzentrum ungehindert passiert. Um Gesundheit und Beziehung nicht zu gefährden, sei in solchen Fällen der Aufenthalt in einem Wellness-Center angeraten, bei dem die Mutter mal einen Tag lang nur Wasserrauschen und Entspannungsmelodien an ihre Ohren dringen lässt. Durchzugsohren werden so in der Regel sehr schnell kuriert.

Endlich-unter-Erwachsenen-Redeschwall, der

Mütter, die den ganzen Tag nur mit ihrem Kleinkind zubringen, erleiden in Anwesenheit von Erwachsenen nicht selten einen Laberflash, bei dem sie alles, was ihnen gerade durch den Kopf geht, loswerden müssen. Besonders gern referieren sie über die Schwierigkeiten, eine geeignete Kindertagesstätte zu finden, über schlaflose Nächte, die Breiauswahl bei dm und den genauen Verlauf von Blähungen und ihre Auswirkungen auf die Laune des Kindes.

Die Betroffene ist dabei meist nicht mehr in der Lage, ihren Redefluss eigenständig zu unterbrechen, jetzt, wo ihr endlich mal jemand zuhört, der sprachlich mehr zu bieten hat als »grooaaghhh« oder »bubu«. Wobei das eigentlich auch gar keine Rolle spielt, da die Betroffene sowieso ohne Punkt und Komma redet und erst aufhört, wenn der Gesprächspartner sich durch eine geschickte Ausrede – »Was? So spät ist es schon??« – aus der Affäre gezogen hat.

FSK-Fluchen, das

Das Freiwillige-Selbstkontrolle-Fluchen beinhaltet das jugendfreie Schimpfen unter mühsamer Wahrung des Vorbild-Charakters. Das FSK-Fluchen kommt besonders häufig beim Führen eines Kraftfahrzeugs zur Anwendung, denn bekanntermaßen ist die Lunte beim

Fahren besonders kurz. Da unterscheiden sich Mütter in keiner Weise von anderen Verkehrsteilnehmern. Weil man nun aber dem Nachwuchs keine bösen Wörter in den Kopf setzen möchte, bedient man sich notgedrungen eines anderen Vokabulars als früher, als man allein im Auto saß und das Fluchen noch Spaß gemacht hat. Das FSK-Fluchen führt zu allerlei kuriosen und kreativen Schimpfwörtern wie »Hey, du Ar…« – Ahh, Vorsicht! Kids an Bord! – »…meise.« Armeise? Armeise.

Autobiographischer Wahnsinn
Mein FSK-Schimpfwort fürs Autofahren wurde ziemlich lang: »Du Knallpiepe!« Die Kinder fanden das lustig und die Beschimpfte nicht weiter anstößig, da das Wort nicht auf der *Schwarzen Liste der Schimpfwörter der deutschen Gesellschaft für Verbalinjurien* steht.

Gebärdenschimpfen, das

Eines ist sicher: Egal wie oft man den Kindern schon gesagt hat, dass man bitte in Ruhe telefonieren möchte, sie folgen einem, so weit der Funkempfang reicht. In die Küche. Ins Wohnzimmer. In den Keller. Aufs Klo. Und sie nutzen die Situation, dass Mama gerade nicht schimpfen kann, logischerweise aus. Natürlich kann Mama trotzdem nicht zulassen, dass das Ketchup auf seine Fingerfarbenqualität getestet oder das Regal erklommen wird, um das unterste Buch aus einem dicken Stapel zu ziehen. Da man den Redeschwall der Freundin aber keinesfalls unterbrechen oder gar dem unhöflichen → *Telefonwahnsinn* verfallen möchte, verlegt sich die Mutter aufs pantomimische Schimpfen. Sie fuchtelt mit den Armen und Händen herum und grimassiert wie Jack Nicholson in *Shining*, um den Nachwuchs in die Schranken zu weisen. So unterbricht sie die Freundin zwar nicht, doch auch das routinierteste Gebärdenschimpfen lenkt die Zuhörerin vom Gespräch ab. Es gibt nur eine gewinnbringende Lösung für die Rettung des Telefongesprächs: das Öffnen des Süßigkeitenschranks.

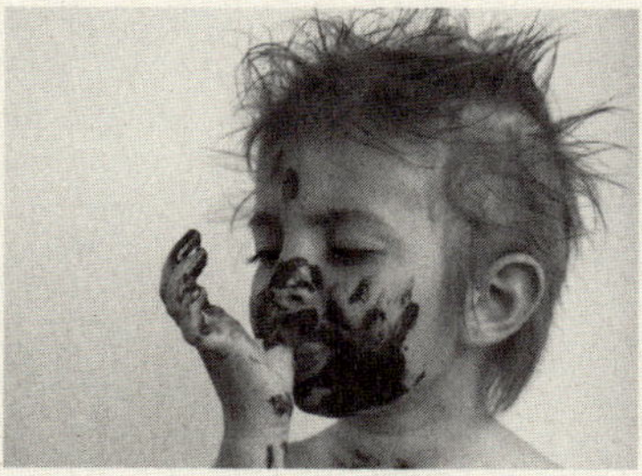

Ich-könnte-kotzen-Gesicht, das

Das Ich-könnte-kotzen-Gesicht ist zum Glück nur eine selten auftretende Erkrankung an Tagen, an denen ein periodisch bedingtes Stimmungstief zusammenfällt mit dem Entschluss des Kindes

a) auf keinerlei Anweisung zu hören,
b) sich beim Schuhanziehen und beim Essen und überhaupt bei allem episch viel Zeit zu lassen,

c) sich ständig mit seinen Geschwistern zu zanken, um Bücher oder Stofftiere, die sofort nach dem Streit unbeachtet in der Ecke liegen,
d) vor dem Süßigkeitenregal im Supermarkt einen Zwergenaufstand zu veranstalten,
e) dass heute der Tag ist, ab dem es sich selbst Milch einschenkt,
f) der Mama mal zu zeigen, wie viele böse Wörter es schon im Kindergarten gelernt hat,
g) mit der Zahnbürste erst das Klo und dann die Zähne zu putzen.

An solchen Tagen schaffen es nur zen-buddhistisch geschulte Mütter, sich bei ihrem Kind dafür zu bedanken, ihre Geduld auf die Probe zu stellen, um daran zu wachsen. Hat Mama Glück, kuriert sie das Kind aber von ganz allein, indem es sie plötzlich stürmisch umarmt mit den Worten: »Mama, du bist schön!« Dann fragt sie sich, wie sie nur ansatzweise genervt sein konnte von ihrem engelgleichen Kind.

Intermittierende Gesprächsführung, die
Mit vielen Müttern ist überhaupt keine Unterhaltung möglich, da sie jedes Gespräch beim kleinsten Pieps ihrer Kinder unterbrechen und ihre Aufmerksamkeit sofort und uneingeschränkt dem Nachwuchs zuwenden, egal, ob die Gesprächspartnerin gerade ihr Apfelkuchen-Geheimrezept oder eine Affäre offenbart. In leichteren Fällen der Intermittierenden Gesprächsfüh-

rung wendet sich die Mutter nach einer kurzen Ansprache an das Kind der Gesprächspartnerin wieder zu, entschuldigt sich für die Unterbrechung und nimmt von selbst den Faden wieder auf. Bei härterem Krankheitsverlauf verebbt das Gespräch nach Unterbrechung durch das Kind aber komplett, weil die Mutter sich entweder ausschließlich mit diesem beschäftigt oder anschließend einfach ein neues, meist kindbezogenes Thema anschneidet, da sie ganz offensichtlich die vorhergehende Unterhaltung vergessen hat. Bei Chronischer Intermittierender Gesprächsführung ist es für die Betroffene ab einem gewissen Zeitpunkt schwierig, überhaupt einen Gesprächspartner zu finden, denn außer ebenfalls betroffener Mütter macht keiner einen solchen Wahnsinn auf Dauer mit.

Kindergeburtstagstrauma-Belastungsstörung, die

Die Kindergeburtstagstrauma-Belastungsstörung tritt am häufigsten bei Müttern von Jungs auf, die einmal so naiv waren, den Kindergeburtstag des Sohnes in den eigenen vier Wänden zu feiern, vielleicht sogar bei schlechtem Wetter. Während sich Mädchen im Rudel leicht mit Schmuckbasteln, Schminken und Prinzessinnenspielen ruhigstellen lassen, ist es nahezu unmöglich, das Aktivitäts- und Erregungsniveau von einem Haufen Jungs zu befriedigen. Mit Schokokuss-Wettessen und Topfschlagen lässt sich da gar nichts reißen. Selbst im Kindergartenalter müssen Mütter schon alle Energie und Durchsetzungskraft aufbringen, um die männlichen Dreikäsehochs davon abzuhalten, die Bude auseinanderzunehmen. Und was als schöne Feier gedacht war, wird zum traumatischen Erlebnis für die Mütter. Hat man das einmal hinter sich gebracht, steht fest: nie, nie wieder. Und das muss zum Glück auch nicht sein. Mittlerweile gründet sich eine ganze Industrie auf den Zweck der Verhinderung von Kindergeburtstagstraumata. Und jede Mutter mit Kindergeburtstagstrauma-Belastungsstörung bezahlt dankbar dafür, dass der Sohn seinen Geburtstag nicht zu Hause, sondern auf dem Indoorspielplatz, in der Fußballhalle, im Klettergarten, im Museum oder im Zoo feiert.

Lautstärkeregelungsblockade, die

Um sich bei der Kinderschar Gehör zu verschaffen, muss man schon mal eine Phonzahl drauflegen. Bei einem großen Haus, renitenten Blagen oder einer leichten psychischen Überreizung kommt die Kommandostimme dann auch häufiger zum Einsatz. Je öfter man aber herumbrüllt, desto größer das Risiko, dass man eine Lautstärkeregelungsblockade erleidet, die verhindert, dass man überhaupt noch in gemäßigtem Ton redet, so dass man auch im Gespräch mit Erwachsenen in einer Lautstärke spricht wie auf dem Kasernenhof. Das ist alles andere als angenehm für die Zuhörer.

Ein weiteres Symptom für eine Lautstärkeregelungsblockade ist, wenn man zum Beispiel im Wartezimmer des Arztes mit seinem Kind genauso laut redet wie zu Hause oder ihm Bücher vorliest, als wäre man allein auf der Welt. Obwohl nebenan eine andere Mutter versucht, ihrem Kind die Geschichte *Petzi und die Hühner* vorzulesen. Dann kann es zu der unangenehmen Situation kommen, dass die benachteiligte Mutter von rücksichtsvollem Flüstern ebenfalls auf volle Lautstärke aufdreht, um vom eigenen Kind überhaupt noch gehört zu werden. Daraus ließe sich unter Umständen ein hübscher Wettstreit entwickeln, der darin endet, dass beide Mütter ihr Stimmvolumen ausreizen, als müssten sie einen Saal beschallen. Spätestens nach Erfahren einer solchen Situation sollte man als Betroffene die Notbremse und vorübergehend in ein Schweigekloster ziehen.

Rhetorisches Erziehen, das

Beim Rhetorischen Erziehen gibt man zwar vor, dem Kind etwas zu erklären, in Wirklichkeit aber möchte man nur die Umgebung darüber unterrichten, dass man

a) sich über Kindererziehung im Allgemeinen und im Speziellen sehr gut informiert hat,
b) leider aber in diesem Fall schon alle Maßnahmen der friedfertigen Erziehung ausgeschöpft hat,
c) das Kind schon x-mal gewarnt hat,
d) es wirklich nicht gern bestraft,
e) es aber leider sein muss, weil dieses Verhalten wirklich so was von unmöglich ist.

Das Rhetorische Erziehen dient in der Regel der Erzeugung von Verständnis und Solidarität bei umstehenden Erwachsenen. Zu weit geht das Rhetorische Erziehen, wenn man auf das Kind einzureden beginnt, um anderen zu beweisen, dass man selbst überhaupt keine Schuld hat an der Verspätung oder am Vergessen von wichtigen Dingen, die das Kind *offensichtlich* eben noch aus dem Kindergartenrucksack *herausgenommen hat,* denn *die Mama* hatte es ja *da reingetan*, und *wer sonst* sollte wohl den *wichtigen* Zettel genommen haben, *die Mama doch wohl nicht*, obwohl ich dir *gesagt habe*, dass du *davon wegbleiben sollst!, das* sagst *du* aber gleich *den Erzieherinnen* selbst, dass *du das vergessen* hast!

Was das verstörte Kind dann aber zum Glück doch nicht muss, denn die Lautstärke des vorgetäuschten

Mutter-Kind-Gesprächs reicht aus, auf dass die umstehenden Eltern es schon im Eingang und die Erzieherinnen selbst es in der Teeküche mitbekommen haben.

Telefonwahnsinn, der

Beim Telefonwahnsinn versucht die Mutter zwei Dinge unter einen Hut zu bekommen: ein Telefongespräch mit der Freundin und Erziehung. Beides passt ungefähr so gut zusammen wie Milch und Bier.

Beispiel:
Mutter: »Hi, Suse, na, wie geht's?«
Suse: »Nicht so gut, ich hab …«
Mutter: »Was hast du da im Mund?«
Suse: »Äh. Wie bitte?«
Mutter: »Entschuldigung, Gian-Luca hat sich mal wieder am Schrank bedient. Also, dir geht es nicht so gut …?«
Suse: »Nein, ich hatte einen Unfall.«
Mutter: »DAS DARF DOCH WOHL NICHT WAHR SEIN!«
Suse: »Ja, echt doof. Aber zum Glück ist keinem was …«
Mutter: »WISCH SOFORT DIE KRÜMEL WEG, BEVOR WIR ÜBERALL SCHOKOFLECKEN HABEN! Also: Erzähl mal, wie ist das denn passiert?«
Suse: »Na ja, es gab auf einmal Glatteis, und ich …«
Mutter (unverständliches, permanentes Murmeln im Hintergrund)

Suse: »… bin ins Schlittern gekommen und Bremsen hat nichts genützt, weil es so glatt war, und … Sag mal, hörst du mir überhaupt zu?«
Mutter: »Ja, klar. Sorry, hier ist vielleicht wieder was los.«
Suse: »Der Schaden ist ziemlich heftig, aber …«
Mutter: »JETZT lass sie in Ruhe!«
Suse: »… ist ja zum Glück nur Blechschaden.«
Mutter: »GEH AUF DEIN ZIMMER, ABER DALLI! Mann, heute spinnen die Kids aber wirklich. Suse? Suse? Bist du noch dran? VERDAMMTER MIST! WIE OFT HABE ICH EUCH GESAGT, DASS ICH IN RUHE TELEFONIEREN WILL!«

Unentbehrlichkeitsneurose, die

Mütter sind unentbehrlich. Aber nicht 24 Stunden lang an sieben Tagen die Woche. Manche Mütter aber denken das und lassen ihre Familie nie allein, um zum Beispiel mal mit Freundinnen einen lustigen Abend oder gar ein Wellness-Wochenende zu verbringen. Denn sie sind der festen Überzeugung, dass die Familie ohne sie nichts auf die Reihe kriegt. Das ist aber nur die halbe Wahrheit. Denn eigentlich meint die Mutter mit Unentbehrlichkeitsneurose, dass die Familie es nicht so auf die Reihe kriegt, wie die Unentbehrlichkeitsneurotikerin meint, dass es richtig ist. Sie führt nämlich ein eisernes Regiment mit zwanzig Minuten Fernsehen am Tag, Gemüse zum Abendbrot, Händewaschen vor dem Essen, Aufräumen vor dem Schlafengehen und pünktlich um neunzehn Uhr dreißig Licht aus. Und sie weiß, dass der Partner diese scharfen Regelungen auf gar keinen Fall so einhalten würde. In ihrer Unentbehrlichkeitsneurose befürchtet die Betroffene also das Schlimmste. Um zu verhindern, dass die Kinder sich mit Limo und Kuchen und Eis vollstopfen, sie Baller-Computerspiele spielen, bis in die Puppen fernsehen dürfen und niemand aufräumt, hält sie die Stellung. Bis sie irgendwann so erschöpft ist, dass ihr sowieso alles egal ist. Und sie liebend gern flüchtet. Und wenn sie eingesehen hat, dass Spaßhaben auch für Mütter unentbehrlich ist, dann ist sie hoffentlich für immer von ihrer Unentbehrlichkeitsneurose kuriert.

Nacherzählungssynchronisation, die

Auch genannt *Tonfall-Umwandlungsautomatismus*.

Wenn Frauen Auseinandersetzungen mit anderen Personen zitieren, weicht manchmal der Wortlaut, aber fast immer ihr Tonfall deutlich von der Realität ab. Besonders nach unangenehmen Begegnungen mit Rivalinnen, aber auch mit Eltern/Geschwistern/Kollegen/Chefs/Passanten/Bioladen-Kunden/Busfahrern/Verkäufern und anderen, kann es dazu kommen, dass die tatsächliche Aussage durch die Nacherzählungssynchronisation so verändert wird, dass man selbst deutlich besser und die andere Person deutlich schlechter wegkommt.

Beispiele:

Tatsächliche Begebenheit: Die zufällig getroffene Exfreundin des Partners fragt im Supermarkt freundlich: »Lässt du mich mal bitte durch?«

Nacherzählungssynchronisation (Tonfall megaschnippisch): »Und dann hat sie mich so von oben herab angesehen und total arrogant gezischt ›*Lass mich sofort durch*‹ und dann ist sie so an mir vorbei, so *phhhfff*! So was von super eingebildet, kann ich dir sagen!«

Tatsächliche Begebenheit: Ehemann fragt: »Warum hast du denn keine Sahne an die Soße getan?«

Nacherzählungssynchronisation (Tonfall total genervt): »Beim Essen war er mal wieder nur am Nörgeln. Verdreht so die Augen, macht ›*äoohhhrg*‹ und sagt: ›*Warum ist denn da keine Sahne drin?‹, das schmeckt total langweilig, babäbäbäbäbäääähhh‹*, halt immer was zu meckern.«

Nasentaubheit, die

Auch genannt *Parfümwolkenkrankheit*.

Eine durch ständige leichte Überdosierung verursachte spezifische Taubheit der Riechzellen dem Lieblingsparfüm gegenüber, die dazu führt, dass Frau die Dosierung immer weiter steigert, bis sie irgendwann eine Parfümwolke hinter sich herzieht, die vom ersten bis in den siebten Stock zu riechen ist.

Nein-sage-Unfähigkeit, die

Trotz seiner Kürze ist Nein für Frauen eines der am schwierigsten auszusprechenden Wörter und gilt als größter Zungenbrecher noch vor Trompe-l'œil. Neinsagen bedeutet, klar seine Ablehnung zum Ausdruck zu bringen, was für Frauen äußerst schwierig ist, da sie es am liebsten allen recht machen und von allen gemocht werden wollen und denken, der sicherste Weg dahin ist, niemandem etwas abzuschlagen. Ist einmal bekannt, dass eine Frau unter Nein-sage-Unfähigkeit leidet, wird ihre Schwäche sowohl von Partnern als auch von Chefs und Familienmitgliedern weidlich ausgenutzt. Deswegen sollte sie damit am besten gar nicht erst anfangen.

Nörgeln, das

Nörgeln ist blöd. Trotzdem kommt es vor. Wenn man Glück hat, liegt eine hormonell bedingte Unpässlichkeit vor, die vorübergeht und die man mit der DVD-Box *Sex and the City* und einem Eimer Erdbeer-Daiquiri oder einer großen Menge Schokolade in den Griff bekommt. Nörgelattacken anderer Art liegt häufig eine unerfüllte → *Entschuldigungserwartungsbesessenheit* zugrunde und weil man vom Partner nicht zu hören bekommen hat, was man hören wollte, bekommt er eben jetzt Dinge zu hören, die *er* nicht hören will. Das bringt einen leider nicht besonders nach vorn, um Beziehungsprobleme zu regeln. Deswegen gehört Nörgeln zu den Angewohnheiten, die Frau sich unbedingt abtrainieren sollte.

Optimierungsdrang, der

Frauen neigen dazu, ständig etwas verbessern zu wollen: Ihre Figur, ihre Frisur, ihre Fitness, ihre Outfits, ihre Rhetorik, ihre Organisation, ihre Innendekoration, ihren Garten, ihre Schminktechnik, ihr Selbstbewusstsein – und ganz besonders ihre Beziehung. Dabei steckt die Hauptarbeit natürlich darin, den Partner zu optimieren, dessen Unzulänglichkeiten dafür verantwortlich sind, dass die Beziehung nicht so glücklich ist wie die von

a) Heiner und Marie (frisch verlobt),
b) Sibylle und Cem (frisch gebackene Eltern),
c) Lotte und Johann (frische Eigenheimbesitzer),
d) Anton und Selda (acht Jahre verheiratet und immer noch wie frisch verliebt).

Daran erkennt man schon, dass der Optimierungsdrang häufig durch den Vergleich mit anderen ausgelöst wird, deren Leben vermeintlich besser/schöner/luxuriöser/entspannter/individueller und schlichtweg glücklicher ist. Was natürlich Quatsch ist. Und wenn Frau mal aufhören würde, ständig etwas verbessern zu wollen, und einfach zufrieden wäre mit dem, was sie hat, würde ihr das vielleicht sogar auffallen.

Overdressed Panik, die

Die Overdressed Panik bezeichnet die Angst, sich nicht dem Rahmen einer Veranstaltung entsprechend gekleidet zu haben und in einer viel zu schicken Robe zu erscheinen, um dann wegen seines bombastischen Tüllkleids ausgelacht zu werden. Die Overdressed Panik ist deutlich stärker ausgeprägt als die → *Underdressed Panik*, denn es ist zwar blöd, im Bürooutfit zwischen Cocktailkleidern herumzulaufen, aber viel schlimmer ist es, ein Cocktailkleid zwischen Bürooutfits zu sein.

Autobiographischer Wahnsinn

Das Tutu-Trauma

Mit ungefähr zehn Jahren ging ich zum Ballett. Trotz weitgehender Talentfreiheit gefiel es mir, so dass ich nach der ersten Probestunde mit meinem Vater zur Bonner Ballett Boutique fuhr, um mir ein passendes Trainingsoutfit zuzulegen. Da die schlichten Trikots mit der einfachen kleinen Bordüre, die ich bei den anderen Mädchen in meinem Kurs gesehen hatte, ausverkauft waren, entschieden wir uns für ein Tutu mit einem richtigen Tüllröckchen. Das war natürlich auch viel schicker als das popelige Trikot, und ich war glücklich. Bis ich zur nächsten Ballettstunde kam, in der die Lehrerin mich darauf hinwies, dass es sich bei meinem Tutu um eines für richtige Ballerinas handele und wir hier so etwas nicht anziehen würden. Oh Gott! Was habe ich mich geschämt! Zwischen all den dünnen, zarten und biegsamen Mädchen in ihren normalen Trikots in diesem Angeberteil herumzustampfen! Dabei gelang mir noch nicht mal ansatzweise der Spagat! Aber ich musste die ganze Stunde so overdressed durchhalten. Es war furchtbar. Seit diesem Tag leide ich an Overdressed Panik.

Parfümwolkenkrankheit, die

siehe → *Nasentaubheit*

Partyfalle, die

Die Partyfalle schnappt dann zu, wenn man beschlossen hat

a) sich vor der Party in das bauchfreie Top zu hungern oder
b) an dem Tag der Party auf feste Nahrung zu verzichten, um im Schlauchkleid eine bessere Figur abzugeben.

Denn nur dann, so sagt man sich, wird die Party ein persönlicher Erfolg. Da zum Feiern aber meist auch der Konsum alkoholischer Getränke gehört, geht der Schuss regelmäßig nach hinten los. Denn Alkohol auf leeren Magen wirkt doppelt und dreifach so stark. Und dann kann es sein, dass man zwar dünn aussieht, aber nicht mehr gut. Denn über die Toilette gebeugt, kommt das Schlauchkleid auf gar keinen Fall vorteilhaft zur Geltung.

Perfektionismus, der

Perfektionismus ist eines der größten Probleme von Frauen und Ursache und Antrieb für viele Symptome des Wahnsinns. Frauen verschwenden so viel Energie darauf, alles perfekt zu machen und perfekt sein zu wollen, dass sie dabei komplett verdrängen, dass Perfektionismus einfach nicht funktioniert. Es ist dabei wie mit dem Gefühl, erst alles erledigen zu wollen, um dann Pause zu machen: Es geht einfach nicht. Und schon gar nicht auf Dauer. Wenn Frau sich aber damit abgefunden hat, dass sie nie alles perfekt schaffen kann, dann lässt sich ihre Erwartungshaltung auch gleich herunterschrauben, so dass sie sich einfach mal entspannen kann.

Pickelausdrück-Sucht, die

Trotz ihrer Lästigkeit üben Hautunreinheiten auf nicht wenige Frauen eine seltsame Faszination aus. Die Betroffenen können die Finger nicht davon lassen und gehen nicht nur ständig vor dem Spiegel auf die Jagd nach Pickeln, Mitessern und anderen Talgabsonderungen, sondern auch in unbeobachteten (oder unbeobachtet geglaubten) Momenten. Die Pickelausdrück-Sucht wird aber meistens im Privaten ausgelebt. Anders bei der Öffentlichen Pickelausdrücksucht, bei der die Betroffene auch vor Publikum ihrer Sucht frönt. Weil sie aber in der Regel weiß, dass es etwas manisch rüberkommt, vor Publikum an seinen Pusteln rumzufuhrwerken, sucht sie sich ein anderes Objekt zur Bedürfnisbefriedigung. Das ist bevorzugt der Partner, dem die Betroffene dann, am besten noch rittlings auf ihm sitzend, vor den Augen der ganzen Welt die Pickel auf dem Rücken ausquetscht. Die Gründe dafür sind völlig ungeklärt. Ist es ein Relikt aus der Urzeit, als wir noch auf dem Affenfelsen herumturnten? Ist es eine Demonstration der eigenen kosmetischen Fähigkeiten, oder dient es der Demütigung des Freundes, indem man auf seine Problemhaut aufmerksam macht? Diese Fragen sind und bleiben ein Rätsel.

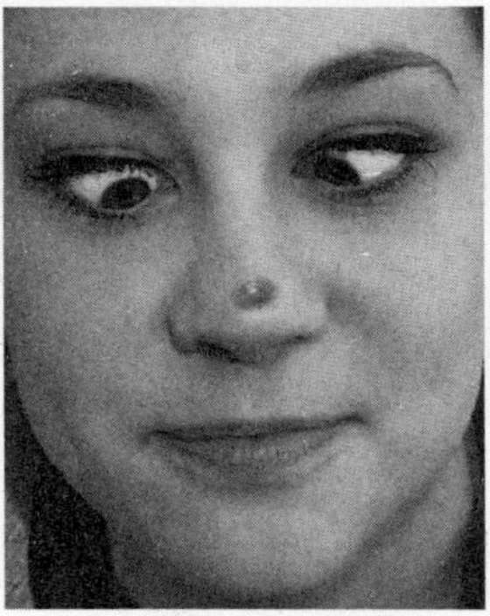

Poesiemanie, die

Frauen mit Poesiemanie lieben es, wenn Männer sie mit Gedichten, Versen und romantischen Sinnsprüchen als Liebesbeweis bedenken. Das ist aber besonders bei selbstverfasster Lyrik ein schmaler Grat. Ein sehr schmaler Grat. Da nicht jeder ein Bertolt Brecht oder ein Erich Fried ist, kann sich die Sache schnell als größter Abtörner nach Socken in Sandalen entpuppen. Deswegen sollten sich Frauen mit Poesiemanie genauestens überlegen, ob sie die neue Liebe wirklich gleich derart auf die Probe stellen oder sich nicht doch lieber erst mal etwas von ihm wünschen sollten, bei dem er nichts falsch machen kann. Zum Beispiel ein Glas Erdnussbutter. Oder einen USB-Stick. Das ist zwar nicht so romantisch, aber erleichtert den Start ins neue Glück ungemein!

Die Poesiemanie ist ein Symptom der → *Romantiksucht*.

Problemgesprächsdrang, der

Beim Phänomen des Problemgesprächsdrangs ist unbedingt zwischen der Art der Problemgespräche zu unterscheiden. Problemgesprächsdrang tritt nämlich äußerst selten auf, wenn es sich um eine direkte Auseinandersetzung handelt. Solche Konfrontationen meiden Frauen lieber oder stellen sich ihnen nur in den eigenen vier Wänden, wenn der Partner sie durch sein notorisch jämmerliches Verhalten dazu zwingt, und stellen sich ihnen dort auch durchaus erneut, solange er nicht einsieht, dass er sich notorisch jämmerlich verhält.

Die zweite Form von Problemgesprächsdrang ist gesellschaftlich eher akzeptiert. Sie tritt auf, wenn es sich um Probleme handelt, die die Betroffene mit nicht anwesenden Personen oder die eine Freundin mit nicht anwesenden Personen hat. Denn einerseits wollen Frauen natürlich möglichst keine Probleme haben, andererseits lieben sie diese Problemgespräche, in denen sie das Verhalten der anderen und ihr eigenes in allen Facetten analysieren können und die sie dazu berechtigen,

a) haufenweise Theorien über die Lösung des jeweiligen Problems anzustellen, anstatt über langweilige Hausarbeit oder die Examensprüfung nachzudenken;
b) dauernd mit ihrer besten Freundin zu telefonieren;
c) sich dauernd mit ihrer besten Freundin zu treffen;
d) bei den Treffen entweder literweise Kaffee oder Cocktails zu schlürfen, begleitend zu passendem Kuchen oder Knabberkram;

e) sich gemeinsam besonders zu fühlen.

Deswegen sind die meisten Betroffenen auch gar nicht an schnellen Lösungsvorschlägen interessiert, die noch dazu von Männern geäußert werden.

Promillebedingte Streitprovokation, die

Während Männer unter Alkoholeinfluss häufig anlehnungsbedürftiger werden, hebt sich die konfliktscheue Frau gern das Erörtern von Problemen für den späten Abend auf, wenn mit steigendem Alkoholspiegel die Hemmungen fallen. Zu einer Promillebedingten Streitprovokation kann es kommen, weil

a) sie es genau jetzt für die passende Gelegenheit hält, in aller Ruhe ein paar Dinge anzusprechen,
b) ihr in diesem Moment endlich die geschickte und überhaupt nicht beleidigende Formulierung eines Bedürfnisses eingefallen ist, das ihr schon lange auf dem Herzen lag,
c) ihr gerade überhaupt erst aufgefallen ist, was ihr Freund für ein fauler Langweiler ist.

Selbst wenn sie gar nicht beabsichtigt, einen Streit herbeizuführen, provoziert sie ihn in diesen Situationen dennoch häufig. Denn das, was sie selbst für einen brillanten Vortrag von objektiven und unwiderlegbaren Tatsachen hält, kann für ihr Gegenüber in Wirklichkeit sehr leicht

a) beleidigend,
b) völlig irrelevant oder
c) total zusammenhangslos

daherkommen.

Promi-Voyeurismus, der

Auch genannt *Regenbogenpressesucht*.

Bei der genetischen Disposition von Frauen für Tratschthemen ist es nur normal, dass sie sich auch für das Leben von Prominenten interessieren, und zwar ganz besonders stark aus dem Bereich Pleiten, Pech und Pannen. Während sich das Interesse von Männern an Prominenten meist plump darauf beschränkt, neidisch auf die Luxusautos/-jachten/-häuser zu schielen, sind Frauen cleverer. Sie beobachten Prominente auf der Suche nach Makeln in ihrer Optik, ihren Beziehungen und ihrem

Leben generell, um zu beweisen, dass die Celebrities es auch nicht besser haben als sie selbst. Denn kaum etwas hilft einem leichter über einen Bad-hair-Day hinweg als eine schicke Mütze, gepaart mit Paparazzi-Fotos von ungeschminkten Stars wie Cameron Diaz, Madonna und Katy Perry, die trotz ihrer Millionen eben auch manchmal aussehen wie aus der Gosse gefischt. Da fühlt sich das eigene kleine Leben doch gleich viel größer an.

Prophylaktisches Mahlzeitenentschuldigen, das

Beim Prophylaktischen Mahlzeitenentschuldigen gibt die Köchin noch vor dem ersten Bissen sieben Millionen Erklärungen an ihre Familie oder ihre Gäste ab, warum das Essen heute nicht so geworden ist wie sonst und warum es vielleicht nicht so schmeckt, wie es eigentlich sollte, und was sonst alles nicht so gelungen ist wie geplant. Das Prophylaktische Mahlzeitenentschuldigen tritt dabei unabhängig von der tatsächlichen Zufriedenheit der Köchin mit dem Kochergebnis auf und dient der Absenkung der allgemeinen Erwartung der Gäste an das Essen, um im Nachhinein dann besonders großes Lob einzuheimsen. Und sollte es tatsächlich nicht so gut schmecken, könnten sie ihre Kritik gleich schön herunterschlucken, denn die Köchin hat ja schon ausführlich selbst referiert.

Pseudo-Empathie, die

Die Pseudo-Empathie wird definiert als in freundliche und beglückwünschende Worte verpackte Neidattacke auf eine andere Frau nach einer positiven Wendung in deren Leben. Oder anders gesagt: Die Betroffene gibt vor, sich für die andere Frau zu freuen, legt aber gleichzeitig den Finger in eine offene Wunde.

Beispiele:

a) »Toll, dass du endlich jemanden gefunden hast! Und ich finde super, dass es dir nichts ausmacht, dass deine neue Liebe nur Tankwart ist.«
b) »Schön, dass dir der neue Job so gut gefällt! Nur schade, dass du nicht in Teilzeit arbeiten kannst und du die Kinder so gut wie gar nicht mehr siehst.«
c) »Herzlichen Glückwunsch zu deinem Modelvertrag! Du möchtest wohl kein Stück Schwarzwälder-Kirsch?«

Die Pseudo-Empathie ist eine höchst unangenehme Erkrankung ohne positiven Nebeneffekt, die dazu führt, dass die Betroffene über kurz oder lang allein dasteht.

Psychosomatischer Harndrang, der

Der Psychosomatische Harndrang setzt immer dann ein, wenn Frau feststellt, dass definitiv keine Toilette erreichbar ist. Die Gedanken fangen an, um die Frage zu kreisen, wo sie sich erleichtern *könnte*, für den Fall, *dass* sie ganz dringend müsste. Je mehr sie zu dem Schluss kommt, dass es dafür derzeit keine blamagenlose Möglichkeit gibt, desto stärker wird der Harndrang. Für Männer eine absolut unverständliche Situation, weil die ja nun bewiesenermaßen allzeit bereit sind, gegen Hecken und Bäume und Hauswände zu pinkeln.

Psychotestsucht, die

Viele Frauen sind süchtig nach Psychotests, weil sie sich davon versprechen, endlich zu erfahren, wer und wie sie wirklich sind. Das Problem ist nur, dass man nach dem dritten Test in einer Frauenzeitschrift durchschaut hat, wie sie funktionieren. Und Frau sich darum beim nächsten Test insgeheim vorher überlegt, welcher Kategorie sie zugeteilt werden möchte. Das manipuliert das Ergebnis. Ist ein Test also überschrieben mit: »Sind Sie ein Kontrollfreak?«, will die Süchtige hinterher auf keinen Fall zu hören kriegen, dass sie tatsächlich einer ist. Darum wird sie die Frage »Haben Sie schon mal heimlich den SMS-Eingang im Handy Ihres Freundes gecheckt?« ganz klar mit Nein beantworten. Darum kann sie sich auch eigentlich gleich den ganzen Test sparen. Wenn es nicht soviel Spaß machen würde, ihn auszufüllen!

Psychotest: Sind Sie süchtig nach Psychotests?

Welche der folgenden Aussage trifft auf Sie zu?

a) Es gelingt mir nicht, an einem Psychotest vorbeizulesen, ohne ihn auszufüllen, selbst wenn es sich um einen komplett unsinnigen und frei erfundenen und überhaupt nicht von Psychologen konzipierten Test handelt wie diesen hier.

AUSWERTUNG:

Als therapeutische Maßnahme wird an dieser Stelle auf eine Auswertung verzichtet, um das eigenständige Denken anzuregen, was zumindest vorübergehend die Heilung von der Psychotestsucht begünstigt.

Putzfimmel, der

Was allgemein als Putzfimmel bezeichnet wird, ist in Wahrheit eine Kombination aus → *Schmutzinduziertem Augenstechen* und → *Schmutzmagnetismus* (siehe »Sonderteil Hausfrauenwahnsinn«).

Rampenlichtsucht, die

Einige Frauen stehen am allerliebsten immer im Mittelpunkt und versuchen ständig, durch Klamotten, Gestik und lautes Reden die Aufmerksamkeit aller auf sich zu ziehen. Darunter fällt auch, dass Betroffene den Erzählungen von anderen immer nur für den Bruchteil einer Sekunde folgen können, bevor sie auf ihre eigenen, viel aufregenderen Storys zu sprechen kommen. Rampenlichtsüchtige merken häufig so lange nichts von ihrer Erkrankung, bis ihnen irgendwann das Publikum abhandenkommt. Oder sie vor Erschöpfung über die Show, die sie dauernd abziehen, zusammenbrechen.

Romantiksucht, die

Für viele Frauen ist Romantik ein existentielles Grundbedürfnis.

Sie hilft ihnen dabei, zu beweisen, dass die Beziehung, die sie führen, noch schön ist. Naturgemäß ziehen Männer da nicht so mit, weil sie den Aufwand scheuen und sowieso einfach nicht kapieren, welche Existenzberechtigung Blumen und Kerzenlicht eigentlich haben. Beim Sonnenuntergang spielen sie mit dem Handy rum, beim Blick in den Sternenhimmel faseln sie etwas von explodierenden Shuttles und Weltraumschrott. Bei einer solchen antiromantischen Haltung sind natürlich kompensatorische Maßnahmen durch die Frau zwingend notwendig. Dabei treibt die Romantiksucht mitunter seltsame Blüten, wenn die Frau zum Beispiel feststellen muss, dass es nicht der Partner ist, der ihr beim Liebesspiel die Sinne raubt, sondern die angeblich aphrodisierende Kerze mit dem Duft nach pubertierender Achsel.

Psychotest:
Sind Sie romantiksüchtig?

Welche der folgenden Aussagen trifft auf Sie zu?

Um in erotische Wallung zu kommen, muss ich

a) 38 Kerzen anzünden, Chanel N° 5 und die Kuschelrock-CD Nr. 795 auflegen,
b) an Jack Black denken.

Was assoziieren Sie mit dem Wort »Kutsche«?

a) einen Kindheitstraum,
b) Pferdeäpfel.

Wenn ich das Wort »Lyrik« höre, denke ich

a) Oh, betörende Macht des Verses! Oh, Schlüssel zu meinem Liebesgarten!
b) Och nöö.

Welches Lied gefällt Ihnen besser?

a) »Angel« von Robbie Williams,
b) »So in fuck with you« von U.S. Bombs.

AUSWERTUNG

1-3 Mal Antwort a: Sehr schön! Sie wissen, wie unentbehrlich Romantik ist, und versüßen sich und Ihrem Partner das Leben nach allen Regeln der Kunst, ob er es will oder nicht.

1-3 Mal Antwort b: Sehr schön! Sie kommen auch ohne romantischen Firlefanz auf Touren. Spart echt ne Menge Zeit, Energie und Geld. Ihre Beziehung könnte auf Dauer etwas kärglich werden, aber so what?!

Rosarote Halluzinationen, die

Im Gegensatz zur Brille – im üblichen Sprachgebrauch ein Synonym für Sehhilfe – ist die Rosarote Brille eine Sehbehinderung, die aber durchaus hilft. Nämlich dabei, männliche Fehler zu verschleiern. Eigentlich also eine geniale Erfindung für ein entspannteres Leben. Allerdings schaffen es manche Frauen nicht, die Rosarote Brille wieder abzulegen. Im Extremfall kann es dann zu Rosaroten Halluzinationen kommen, die den Betroffenen etwas vorgaukeln und sie davon abhalten, zu erkennen, dass ihr Partner

a) sie nach Strich und Faden betrügt,
b) nur hinter ihrem Geld her ist,
c) sie als Putzfrau und Muttterersatz ausnutzt oder
d) sonst irgendein Blödmann ist, den man besser loswerden sollte.

In diesen Fällen erweist sich die Rosarote Brille als äußerst hinderlich und gar gefährlich. Denn treten erst Rosarote Halluzinationen auf, versagen meist auch sämtliche Freundinnen beim Versuch, die Fehlsichtigkeit der Betroffenen zu korrigieren.

Weiberwahnsinnige Sprichwörter
Keine Nachrichten sind schlechte Nachrichten.

Rückrufpanik, die

Die Zeit zwischen einem Treffen mit oder einer Nachricht an den Schwarm bis zu seinem Rückruf verbringen viele Frauen in einem panikartigen Schwebezustand, in dem sie nicht fähig sind, an etwas anderes zu denken als daran, wann er sich endlich melden wird. Dabei ist sich die Betroffene mit jeder Stunde sicherer, dass er

a) das letzte Treffen total langweilig fand,
b) niemals etwas mit einer Frau anfangen wird, die sich beim ersten Rendezvous Eisbein mit Erbspüree und Sauerkraut bestellt,
c) sich genau jetzt bei seinen Freunden über sie lustig macht, weil sie nicht wusste, in welchem Bundesland Leipzig liegt,
d) doch auf große, schlanke, blonde Frauen steht, schließlich ist seine Lieblingsschauspielerin Charlize Theron.

Die Rückrufpanik wird durch zwei Faktoren verstärkt: Durch Alleinsein, bei dem man ablenkungslos auf sein Handy starrt, und durch Zusammensein mit der besten Freundin, mit der man ausgiebig erörtert, welche Gründe hinter dem ausbleibenden Anruf stehen könnten, und sich außerdem gegenseitig grimmig versichert, dass er doch wohl mindestens schnell eine SMS schreiben könnte.

Gegen die Rückrufpanik hilft der Konsum von bunten Cocktails nur vermeintlich, weil dadurch die Gefahr steigt, dass man bei einem tatsächlichen Rückruf nicht vor Freude in die Luft springt, sondern ihm lallend den eigenen Groll über die lange Wartezeit entgegenschleudert (→ *Promillebedingte Streitprovokation*). Immerhin tritt die Selbstheilung durch eine solche Vorwurfsattacke ziemlich zügig ein. Denn mit einer Tussi, die schon nach so kurzer Zeit anfängt, ihn kontrollieren zu wollen, will er sich vermutlich gar nicht erst einlassen. Und dann braucht man wenigstens nicht mehr auf einen Rückruf zu warten.

SONDERTEIL Selbstzerfleischung

Psychotest:
Gehören Sie zur Risikogruppe »Galoppierende Selbstzerfleischung«?

Welche der folgenden Aussagen treffen auf Sie zu:

a) Sie fühlen sich einen ganzen Tag lang unwohl, weil eine Passantin Sie für Ihr schräg eingeparktes Auto kritisiert hat.
b) Sie sind drauf und dran, sich mit einer Flasche Sekt beim Paketboten zu entschuldigen, weil dieser eingeschnappt wirkte, als es letztes Mal kein Trinkgeld gab.
c) Sie haben Gewissensbisse, wenn Sie ein Stück mehr vom Kuchen gegessen haben als der Rest

der Familie, und stellen sich zur Wiedergutmachung drei Stunden in die Küche, um handgeformte Ravioli mit Parmaschinken-Ricotta-Füllung für alle zuzubereiten.

d) Sie denken länger als zehn Sekunden darüber nach, ob der Mann beim Bäcker hinter Ihnen jetzt sauer auf Sie ist, weil Sie ihn sich nicht haben vordrängeln lassen.

e) Sie haben sich schon für Sachen entschuldigt, von denen andere gar nicht gemerkt haben, dass sie passiert sind.

AUSWERTUNG:

Wenn Sie mehr als eine Frage mit Ja beantwortet haben, ist gut möglich, dass Ihr Konfliktbewältigungsorgan nicht richtig arbeitet, weil Ihnen das LMAA-Enzym* fehlt. Dann sind Sie eindeutig ein Kandidat für die Selbstzerfleischung und lesen jetzt am besten aufmerksam weiter. Es könnte Sie interessieren.

* Aus Rücksichtnahme gegenüber empfindlichen Gemütern sei hier nur die wissenschaftliche Abkürzung dieses Ausdrucks genannt, der in ungefähr der Bedeutung der Redewendung »Rutsch mir den Buckel runter« gleichkommt, aber lange nicht so fein ist.

Selbstzerfleischung, die

Die Selbstzerfleischung ist eine Paradedisziplin der Frauen. Nichts können sie so gut, wie sich selbst fertigzumachen. Besonders Betroffene von → *Ablehnungsangst* und → *Allen-recht-mach-Schwachsinn* leiden häufig auch an Selbstzerfleischung. Ein kleines Fettnäpfchen genügt, ein Fauxpas, ein Fehlerchen, irgendetwas, das nicht hundertprozentig richtig oder gut war – und schon geht es los. Bei der Selbstzerfleischung reicht es nicht aus, einfach nur ein → *Schlechtes Gewissen* zu haben, und gut ist. Nein, die Selbstzerfleischung ist schlimmer. Viel schlimmer. In ihrer furchtbarsten Form, der sogenannten *Galoppierenden Selbstzerfleischung*, durchläuft sie fünf Stufen.

Stufe 1: Die Betroffenen durchleben in einem teuflischen Verschlimmerungszirkel immer wieder die auslösende Situation, wobei sie sich jedes Mal unerbittlich vor Augen halten, wie schlimm und falsch und dämlich sie sich doch verhalten haben. Die Scham brennt heiß. Sie lässt die Betroffenen nicht schlafen. Nicht essen. Nur rot werden. Und auf den Boden starren, in dem sie versinken möchten. Und die Betroffenen wünschen sich nur eins: dass es vorbeigeht. Aber das ist es noch lange nicht. Denn das war gerade mal Stufe 1.

Stufe 2: Nach der ersten Stufe auf dem Weg zur totalen Verachtung von sich selbst malen sich die Betroffenen in einer zweiten Stufe ständig neue Alternativen für ihr ursprüngliches Verhalten aus, die allesamt viel besser und schlauer und netter gewesen wären. »Hätte ich doch nur …« heißt das Mantra, das sie immer wieder vor sich hin stöhnen, was tatsächlich eine kurze Phase der Entlastung bringt, in der man sich vorstellt, man hätte anders gehandelt. Bis diese schöne Seifenblase zerplatzt an dem Satz: »Habe ich aber nicht, ich war ja so dämlich und …« Und damit geht es wieder zurück auf Stufe 1.

Stufe 3 wird dann gezündet, wenn die Betroffene sich genau vor Augen führt, wie und wo das eigene unsägliche Verhalten die Runde macht und wie man sich jetzt überall vor Erregung bibbernd erzählt: »Hast du schon gehört, die Iris Kleiber* (**Name von der Autorin erfunden*) hat sich total danebenbenommen und tatsächlich den Klassenlehrer wegen einer Lappalie in seiner Freizeit gestört! Sie hat ihn nachmittags angerufen, kannst du dir das vorstellen? Der war total sauer. Was ich gut verstehen kann …«
Oder:
»Hast du schon den Witz des Tages gehört? Die Simone Unger* (**Name von der Autorin erfunden*) hat ihre Mail nicht an ihren Freund, sondern an ihren Chef geschickt! Was für eine Blamage, ich möchte wirklich nicht in ihrer Haut stecken …«
Die Betroffene erstellt im Kopf eine Liste, wer wen informiert und wie alle über sie lachen und wer einem in Zukunft mit Häme, Spott, Abscheu, Empörung, Gering-

schätzung oder Hass begegnen wird, wenn er überhaupt noch mit einem redet. Übelkeit, unkontrollierbare Schweißausbrüche und Gesichtsröte gehen oft einher mit Stufe 3 der Galoppierenden Selbstzerfleischung.

Stufe 4 ist der lähmende Zustand der Ruhe vor dem Shitstorm, während dem man möglichst wenig das Haus verlässt, Computer und Smartphone ausschaltet und vor allem jede Begegnung mit Leuten meidet, die die Geschichte betrifft oder die davon gehört haben könnten. Manche Betroffenen versuchen in dieser Phase auch, noch schnell ihre Version der Geschichte in die Runde zu schicken, um mit einer Selbstanklage der Verurteilung durch andere zuvorzukommen. In Stufe 4 wird auch gern auf die Solidarität von Freundinnen gesetzt, die einem immer wieder versichern müssen, dass alles halb so wild ist (siehe auch → *Erste Hilfe bei Galoppierender Selbstzerfleischung*).

Stufe 5 ist dann erreicht, wenn die Betroffene bemerkt, dass wenig bis gar nichts passiert. Niemand zeigt mit dem Finger auf sie, niemand lacht. Vielleicht stößt sie sogar auf Verständnis. Oder es fragt noch nicht einmal jemand nach. Ungläubige Erleichterung macht sich breit. Das Leben ist wieder schön! Flashbacks, die Betroffene wieder auf eine der vorigen Stufen katapultieren, sind in dieser Phase zwar noch möglich, aber nur von kurzer Dauer und abnehmender Intensität. Bald vergehen auch die. Und man hat es überstanden.

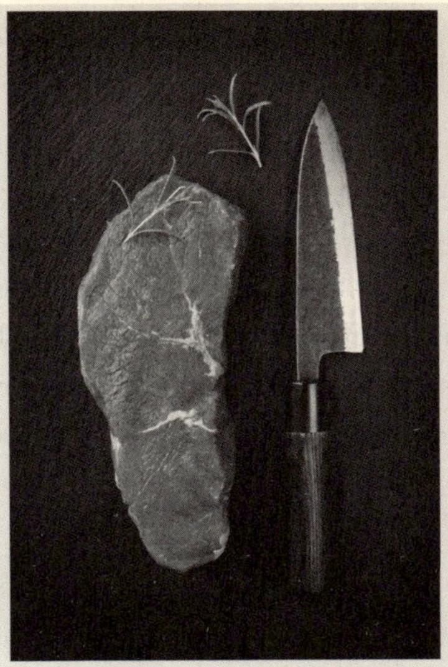

Ist man nicht gerade ein Stressesser, hat die Galoppierende Selbstzerfleischung einen einzigen Vorteil, weswegen sie auch die »Magen-Darm-Grippe des Weiberwahnsinns« genannt wird. Im günstigsten Fall schnürt die Scham über sein eigenes Verhalten einem so den Magen zu, dass man nichts essen kann. Schwuppdiwupp verliert Frau bei einem richtigen Anfall von Selbstzerfleischung ein, zwei Kilo. Dieser mögliche Nebeneffekt darf aber nicht dazu führen, dass sie anfängt, ein Fettnäpfchen herbeizusehnen oder absichtlich Fehler zu machen oder sich gar über diese zu freuen. Dann wird der Automatismus der fünf Stufen nämlich automatisch außer Kraft gesetzt.

Erste Hilfe bei Galoppierender Selbstzerfleischung

Gegen Galoppierende Selbstzerfleischung hilft am effektivsten: gut zureden. Selbstgespräche sind in diesem Zusammenhang aber leider nicht besonders wirkungsvoll. Zur Eigenbehandlung eines leichteren Anfalls von Galoppierender Selbstzerfleischung hat sich bisher nur die »Scheiß-der-Hund-drauf-Therapie« bewährt, bei der die Betroffene jeden Gedanken an ihren Fehler mit einem lauten »Scheiß der Hund drauf« unterbricht.

Besser und in schlimmen Fällen unabdingbar ist es, wenn man Hilfe und Unterstützung von vertrauenswürdigen Freundinnen annimmt. Sollte eine Ihrer Freundinnen an Galoppierender Selbstzerfleischung leiden, hier eine Auswahl an Parolen, die ihr helfen können, den Anfall zu überstehen:

1. Das muss dir doch nicht peinlich sein!

Das ist doch nun wirklich eine Bagatelle, die nicht der Rede wert ist! Und das finden alle Freunde, Bekannten, Kollegen bestimmt auch.

2. Das ist doch jedem schon mal passiert!

Vergleiche mit realen Personen, denen Ähnliches oder Schlimmeres passiert ist und die keine Konsequenzen zu spüren bekommen haben, sind natürlich bestens geeignet, den Anfall zu mildern. Äußerst wertvoll sind eigene Peinlichkeiten, die man gut überstanden hat, oder auch Beispiele von Promis, die sich vor aller Welt zum Affen gemacht haben und immer noch beliebt sind.

3. Alles halb so wild!

Helfen Sie ihr, sich vorzustellen, was noch viel Schlimmeres hätte passieren können. Ihre Eltern hätten dabei sein können. Sie hätte sich eine Verletzung zuziehen können. Sie hätte jemand anderen verletzen können. Sie hätte nackt sein können. Sie war nackt? Okay, dann soll sie sich vorstellen, jemand hätte es gefilmt und ins Netz gestellt …

4. Das gibt später mal eine tolle Geschichte!

Dem Erfahrungsschatz wurde ein Glanzstück hinzugefügt. Und vielleicht wird aus der Blamage von einst mal eine erhellende, wenn auch lustige Geschichte oder eine Erfahrung, die man an seine Kinder weitergeben kann.

5. In einer Woche lachst du darüber!

Selbst wenn heute jemand über dich lacht oder sich wundert oder sich entrüstet: Bald wird ein anderes Thema die Leute beschäftigen, und dann interessiert niemanden mehr, was du gemacht hast. Zeit heilt alle Wunden, das weiß doch jeder. In einer Woche ist die Sache vergessen. Wenn nicht in einer Woche, dann in einem Monat … oder in einem Jahr.

6. Wer weiß, wofür es gut war …

Es ist passiert. Daran kann man nichts mehr ändern. Das Gute ist: Es wird dir nicht noch einmal passieren! Du hast etwas Wichtiges gelernt. Das kann dir irgendwann sehr nützlich sein.

Denn wie ein chinesisches Sprichwort sagt: »Der Fehler ist die Mutter des Erfolgs!«
Oder wie Winston Churchill bemerkte: »Es ist ein großer Vorteil im Leben, die Fehler, aus denen man lernen kann, möglichst früh zu begehen.«
Oder wie Zsa Zsa Gabor meinte: »Menschen, an denen nichts auszusetzen ist, haben nur einen Fehler: Sie sind uninteressant!«

Diese Parolen können in wechselnder Reihenfolge und in beliebig häufiger Wiederholung der Betroffenen vorgebetet werden. Sollte anschließend noch keine Besserung eingetreten sein, empfiehlt es sich, bei YouTube die Begriffe »Frau Whirlpool Durchfall« einzugeben oder sich auf demselbem Portal »The Ultimate Fails Compilation« anzuschauen.

Sammelfieber, das

Für das Sammeln von Handtaschen, Schuhen, Schmuck und Kosmetik gibt es – auch wenn Männer das nicht kapieren wollen – eine Vielzahl von Gründen, die so einleuchtend sind, dass man sie gar nicht erklären muss. Auch das Horten von Puppen ist aufgrund des Kindheitstraums und Kind-Ersatztraums absolut konsequent, abgesehen davon, dass es eine total sinnvolle Kapitalanlage ist, in antike Schildkröt- und Käthe-Kruse-Puppen zu investieren. Und neue Sammlerpuppen aus dem Homeshoppingkanal muss man auch nur ungefähr zweihundert Jahre aufbewahren, bis sie enormen antiquarischen Wert besitzen. Dieser eingängigen Schlussfolgerung können sogar Männer folgen, wenn zwar meist nicht auf Anhieb, aber dann muss man es ihnen halt öfter erklären. Schwieriger wird es, ihnen das leidenschaftliche Anhäufen von angeblich nutzlosen Staubfängern wie Nilpferd-Figuren, Teelichthaltern, Kristallen, Diddl-Mäusen, Kuh-Figuren, Einhorn-Figuren, Schneekugeln, Schutzengelchen und Stofftieren in allen Größen und Formen zu erklären. Dabei sollten sie doch nur mal selbst an die gute alte Steinzeit zurückdenken, als sie noch auf der Jagd nach dem Wollnashorn waren. Männer sind eben Jäger und Frauen Sammler. Und in Ermangelung der Notwendigkeit, Beeren, Nüsse und anderen Essenskram zu sammeln, gehen Frauen bloß mit der Zeit und sammeln eben Dinge rein zu ihrem Vergnügen. Das nennt man Evolution, Männer!

Schlafabnötigung, die

Auch genannt *Verdammte-Scheiße-ich-muss-auf-der-Stelle-einschlafen-Hysterie*.

Als Schlafabnötigung bezeichnet man den unbedingten Willen von Frauen, die als optimal propagierten sieben bis acht Stunden Schlaf einzuhalten. Sobald sie auch nur denken, sie könnten die bestmögliche Stundenzahl nicht erreichen, verkrampfen sie. Weil es doch so wichtig ist, gut zu schlafen. Weil sonst der ganze morgige Tag im Eimer ist und sie dann vielleicht erschöpft aussehen, wenn sie ihre Präsentation halten oder den Kunden treffen oder vielleicht der Liebe ihres Lebens über den Weg laufen. Und dick wird man auch, wenn man zu wenig schläft. Oder war es krank?

Jedenfalls ist Nervosität die Folge der Schlafabnötigung, und wenn man nervös ist, schläft man erst recht nicht ein, da kann man sich aufregen, wie man will, es klappt einfach nicht. Und dann fragen sich die Betroffenen, warum das dämliche Schäfchenzählen nicht funktioniert und warum ausgerechnet sie jetzt hier herumliegen und sich von links nach rechts wälzen, wo sie doch so schön schlummern wollten und auch müssten, und zwar auf der Stelle, verdammte Scheiße. Die Schlafabnötigung kann bereits zum Zeitpunkt des Zubettgehens einsetzen oder auch erst, wenn die Betroffenen nachts überraschend wach werden. Zu beiden Zeitpunkten ist die Schlafabnötigung aber gleich hinderlich und vor allem überflüssig. Denn mal eine oder ein paar Nächte nicht die volle Stundenzahl zu schlafen wiegt überhaupt nicht schwer. Und wer Angst vor Unausgeschlafenheit und mieser Laune am nächsten Tag hat, dem sei gesagt: Schlafentzug kann sogar die Stimmung heben und wird als Therapie gegen Depressionen eingesetzt! Von daher: Locker bleiben. Entspannen. Uund … ratzepüh …

Schlagfertigkeitsladehemmung, die

Die allermeisten Frauen sind überaus schlagfertig. Nach reiflicher Überlegung. Wenn sie zum 38. Mal die Anmache von dem süßen Typen oder die Auseinandersetzung mit der zickigen Verkäuferin durchspielen, dann haben sie meistens die perfekte schlagfertige Antwort parat! (Siehe auch → *Selbstgesprächsdrang*.) Schade nur, dass den allermeisten Frauen die Schlagfertigkeit ausgerechnet dann nicht zur Verfügung steht, wenn sie sie am dringendsten gebrauchen könnten.

Die Ursache für das Ausbleiben der Schlagfertigkeit ist klar: Das Vorspiel fehlt. Die wenigsten Frauen können einfach mal so zack, zack auf den Punkt kommen. Das benötigt Vorbereitung und eine langsame Steigerung! Eine Anmache vor den Latz geknallt zu bekommen, ob nett und witzig oder fies und gemein, und dann auf die Schnelle verbal ejakulieren, das läuft bei Frauen nicht. Die meisten müssen sich erst einen Moment sammeln und auf die Situation einstellen. Aber bis sie so weit sind, ist die ganze Sache schon wieder vorbei. So bleiben viele Frauen mit dem unbefriedigten Gefühl zurück, einen lahmen Eindruck hinterlassen, das Wortgefecht verloren, die Chance vertan zu haben. Und das, obwohl ihnen doch noch etwas total Witziges oder Vernichtendes eingefallen ist. Nur eben leider hinterher. Schade eigentlich. Das Beruhigende ist: Das geht den meisten Frauen so.

Eine andere Form der Schlagfertigkeitsladehemmung ist die *Rechenretardierung*, bei der die Betroffene nicht in der Lage ist, trotz Irritation über die zu zahlende Summe, zwei und zwei zusammenzuzählen und zu merken, dass sie gerade über den Tisch gezogen wird.

Beispiel:

Beim Friseur bedient diesmal die Chefin selbst. Sie macht es gut. Man ist zufrieden. Bekommt die Rechnung und stutzt kurz, bezahlt dann aber die 32 Euro plus zwei

Euro Trinkgeld. Kommt einem viel vor, hat aber sicher seinen Grund. Erst draußen denkt man: »Komisch. Das letzte Mal habe ich doch nur 18 Euro bezahlt. Das sind ja glatt … knobel, grübel, ächz … 14 Euro mehr! Wieso das? Hat die etwa die drei Tropfen Serum, das angeblich das Haarwachstum anregen soll, berechnet? Und das Volumenspray beim Föhnen? Die hat da so heimlich hinter dem Tresen gerechnet, dass ich gar nicht sehen konnte, was sie alles aufschreibt. Ich Depp! Wieso habe ich denn nicht nachgefragt, wie sie auf den Betrag gekommen ist!?«

Aber um nicht wie ein kompletter Idiot dazustehen und die Blamage zugeben zu müssen, dreht man nicht etwa um und stellt die Friseurmeisterin zur Rede, sondern geht nach Hause und ärgert sich. Jedenfalls so lange, bis man sich fest vornimmt, beim nächsten Mal die Rechnung auseinanderzunehmen. Oder aus Rache einfach zu einem anderen Friseur zu gehen.

Schlechtes Gewissen, das

Das Schlechte Gewissen lauert immer und überall auf Frauen. Schon ein nichtiger Anlass kann zu schrecklichen Gewissensbissen führen. Das Besondere bei Frauen ist, dass nicht einmal ein Fehler zugrunde liegen muss, auf dass sie sich mit Schuldgefühlen martern. Ein dumpfes Gefühl, irgendetwas nicht richtig gemacht zu haben, reicht schon völlig aus! Das Schlechte Gewissen setzt dabei häufig erst dann ein, wenn Betroffene mitbekommen, dass andere irgendetwas anders (und damit vermeintlich besser) gemacht haben und zum Beispiel

a) selbstverständlich jeden Tag fünfmal Obst oder Gemüse essen,
b) nie mehr als die gesundheitsunbedenkliche Obergrenze von einem Viertelliter Wein pro Tag trinken,
c) mit dem Werk Dostojewskis und den Hauptstädten der neuen Bundesländer bestens vertraut sind,
d) im Kopf den Benzinverbrauch ihres Autos ausrechnen können und
e) die Salvatore-Ferragamo-Ballerinas zu einem Spottpreis erstanden haben.

Dann fängt die Betroffene an, ihre Versäumnisse zu bereuen und sich für ihre Dummheit und Nachlässigkeit oder für ihr vorschnelles Handeln zu verwünschen. Gegen Schlechtes Gewissen hilft am besten

a) schnell einen guten Vorsatz machen,
b) eine Handvoll Vitaminpillen einschmeißen,
c) eine angemessene Summe an eine gemeinnützige Organisation spenden oder sich zumindest fest vornehmen, es zu tun,
d) sich abzuregen und nicht mehr daran zu denken.

Schuhtick, der

Peeptoe Pumps, Peeptoe Boots und Sandal Boots. Chap Boots, Flip-Flops und Ankle Boots. Ankle Sandals, Mules,

Stilettos. Ballerinas, Chucks und Overknees. Deichmann, Görtz und Reno. Zalando. Stiefel, Stiefeletten, Glamour Heels. Pantoletten, Pony Heels. Manolos, Jimmy Choos und Louboutins. Und Clogs. Und Wedges. Und Wedge Pumps und Kitten Heels. Plateausandalen, Sneakers und Espadrilles. Spangenpumps und Mary Janes. Flamenco-Pumps, Slingpumps und Slingbacks.

Und noch mal von vorn. Pantoletten, Peeptoe Pumps, Peeptoe Boots und Sandal Boots …

Selbstbeobachtungszwang, der

Beim Selbstbeobachtungszwang neigt die Betroffene dazu, sich selbst andauernd und ausdauernd zu betrachten und dabei gegebenenfalls kleine Veränderungen an Frisur, Make-up, Faltenwurf der Bluse oder Gesichtsausdruck vorzunehmen. In früheren Zeiten standen Betroffenen dafür nur Spiegel, Schaufenster und andere glatte Oberflächen zur Verfügung. Diese Zeiten sind Gott sei Dank vorbei! Heutzutage kann man sein Erscheinungsbild nämlich viel besser und effektiver überprüfen, indem man sich selbst mittels Smartphone oder Digitalkamera fotografiert, um sich dann in aller Ruhe von allen Seiten auf dem Monitor zu betrachten. Profil, Hinterkopf – der neuen Technik entgeht zum Glück kein einziger Makel. Zoomfunktionen bringen sogar noch winzigste Fehler zutage. Was natürlich viel objektiver ist als jeder Spiegel! Und wenn man dann vielleicht ein kleines bisschen verunsichert ist, weil man auf den zweiten und dritten Blick vielleicht doch nicht mehr so klasse aussieht, kann man schnell das Bild der Freundin mailen oder auf Facebook hochladen, um die Meinung der Community einzuholen. Man könnte es natürlich auch einfach lassen und selbstbewusst rausgehen und sich sagen, dass man – egal wie – einfach umwerfend aussieht.

Selbstgesprächsdrang, der

Frauen führen gern Gespräche. Zu ihren liebsten Gesprächspartnerinnen zählen sie dabei häufig selbst. Die Vorteile liegen auf der Hand: Frau kann alles rauslassen, was ihr auf der Seele brennt, ohne unberechenbare Konsequenzen. Es gibt niemanden, der sich beleidigt fühlt. Niemanden, der sie beleidigt. Und auch niemanden, der sie aus dem Konzept bringt. Sie kann endlich mal ganz in Ruhe darüber sprechen,

a) was sie noch alles zu tun hat (»So, das war das und was wollte ich jetzt? Ach ja …«),
b) was sie noch alles zu tun hat, weil der Mann mal wieder nicht mit anpackt (»Nee, ist klar, der nimmt sich schön die Zeitung und setzt sich aufs Sofa, und ich bin mal wieder der Depp, der sich ums Essen kümmert …«),
c) was sie dem schnuckeligen Typen eigentlich gern erwidert hätte, als er sich im Café ihren Zuckerstreuer ausgeliehen hat (»Du brauchst keinen Zucker, du bist doch wirklich süß genug«),
d) wie doof sie sich mal wieder verhalten hat (»Beim nächsten Mal sage ich nein. Nein, sage ich. Ich kann nicht, ich will nicht, ich mach das nicht«),
e) was sie ihrem Ex schon immer mal an den Kopf werfen wollte (»Nein, du hast mich mit dieser Schlampe nicht betrogen. Ich habe *mich selbst* betrogen. Und zwar acht Jahre lang, in denen ich geglaubt habe, du wärst gut für mich …«).

Solange die Betroffene die Selbstgespräche führt, wenn sie allein ist, können diese beizeiten wohltuend wirken. Sollte sie aber andere – bewusst oder unbewusst – daran teilhaben lassen, muss sie sich wirklich nicht wundern, wenn sie für sonderbar oder sogar ein klitzekleines bisschen unzurechnungsfähig gehalten wird.

Schnäppchenfieber, das

Das Schnäppchenfieber ist eine latente Erkrankung mit periodisch auftretenden, akuten Schüben, die je nach Grad der Infizierung wöchentlich, monatlich oder nur zu den typischen Rabattsaisons auftreten können. Auslöser für das Schnäppchenfieber sind Preisangebote, die jeden Gedanken an den tatsächlichen Nutzwert des Objekts komplett aushebeln. Dabei ist es egal, um welche Art Konsumgut es sich handelt. Ob Pullis, Tücher, Hosen, Stifte, Kerzen, Taschenkalender, originelle Blechdosen oder ein Kilo Mangos für vier Euro – der Preis allein löst den Anfall aus. Zittrige Hände und Tunnelblick auf das Objekt der Begierde sind die Folge. Je größer die Konkurrenz durch andere Schnäppchenjägerinnen, desto ernster die Miene beim Durchforsten der Regale und desto kürzer das Probetragen. Und je geringer der Preis, desto geringer die Ansprüche. Das Schnäppchenfieber geht erst auf dem Weg nach Hause zurück, wenn das Hochgefühl, drei Paar Schuhe für den Preis von zweien erstanden zu haben, langsam der Erkenntnis weicht, dass Paar Nummer zwei eine halbe Nummer zu klein ist und die orangefarbenen Ballerinas, die man als drittes Paar noch dazugenommen hat, farblich vielleicht doch gar nicht zu so vielen Klamotten passen. Das Schnäppchenfieber flammt erst dann wieder auf, wenn die Betroffene ihre Freundin anruft, um mit ihrem cleveren Coup zu prahlen.

Shoppinganfall, der

Ein aus einem chronischen → *Kleidungsmangel* resultierender Anfall des rauschhaften Kaufens von Blusen, Röcken, Kleidern, Westen, Hosen, Schuhen, Gürteln oder sonstigen Kleidungsstücken und Accessoires, die man *unbedingt* zur Kombination mit bestimmten Kleidungsstücken braucht, die andernfalls im Schrank verstauben. Beim Shoppinganfall beschränkt die Betroffene sich aber nicht darauf, die Klamotten zu kaufen, die ihr schon immer gefehlt haben, sondern sie ersteht auch schöne Sachen, von denen sie noch gar nicht genau weiß, zu welchen bereits vorhandenen Dingen sie passen könnten. Diese Neuerwerbungen zementieren so den krankhaften Zustand des → *Kleidungsmangels*, was zur Folge hat, dass Frau ganz bald schon wieder in die Stadt muss, um neue Sachen zu kaufen, die sie unbedingt braucht, um den letzten Neuerwerbungen einen Sinn zu geben. Und so weiter und so fort.

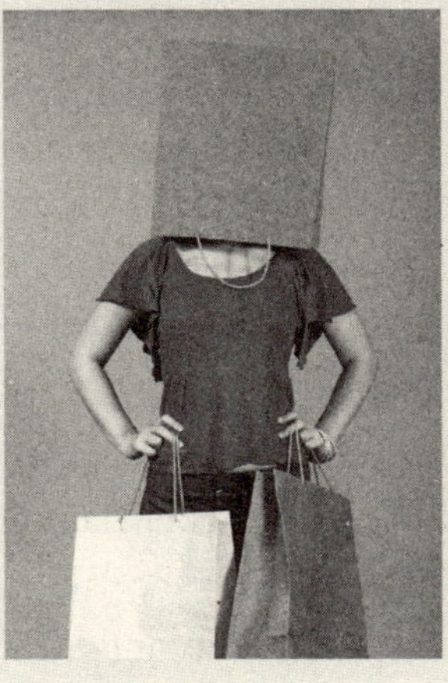

Shoppingerfolgsmitteilungssucht, die

Bei der Shoppingerfolgsmitteilungssucht setzt sofort nach erfolgreichem Erwerb eines Konsumgegenstands bei der Betroffenen der Drang ein, anderen davon zu erzählen, und zwar umso dringender, je toller der Konsumgegenstand. Früher musste die Betroffene damit noch warten, bis sie zu Hause angekommen war, wenn sie nicht zufällig irgendwelchen Bekannten in der Fußgängerzone über den Weg gelaufen ist. Doch mit flächendeckender Ausbreitung von Handys und Smartphones hat die Shoppingerfolgsmitteilungssucht neue Dimensionen erreicht. Heute ist Frau in der Lage, unmittelbar nach Verlassen des Ladens telefonisch von ihrem Triumph zu berichten oder die frohe Kunde per Facebook oder Twitter in die ganze Welt zu schicken. Bei leichtem Verlauf der Shoppingerfolgsmitteilungssucht drängt nur eine wirklich nennenswerte Anschaffung wie eine Sommerjacke oder ein Cocktailkleid die Betroffene zur Verbreitung der Information. Bei schwerem Verlauf rufen Betroffene der Shoppingerfolgsmitteilungssucht die Freundin sogar nach dem Kauf eines pinkfarbenen Klorollenhalters oder einer Dose Dekogranulat an.

Shoppingkater, der

Der Shoppingkater bezeichnet das böse Erwachen nach dem Kaufrausch, wenn sich die Betroffene zu Hause vor dem Spiegel nämlich fragt, warum um alles in der Welt sie 120 Euro ausgegeben hat für eine Bluse

mit Puffärmeln in Petrol-Metallic und 75 für einen Hut, der eigentlich ihre modische Hot-Fifties-Ära begründen sollte, in Wirklichkeit aber einfach nur lächerlich aussieht.
Die Antwort ist einfach: Im rauschartigen Zustand des Shoppings verschiebt sich bei Betroffenen die Wahrnehmung der Realität. Ähnlich wie bei der Karnevalsparty, wo nach dem achten Bier der leicht aufgeschwemmte Batman plötzlich Ähnlichkeiten mit Johnny Depp aufweist, ist auch die Frau beim Shopping nicht immer Herrin ihrer Sinne. Für den Fall, dass auch Sie häufiger zu shoppinginduziertem Kontrollverlust neigen, sollten Sie sich routinemäßig direkt im Geschäft über die Umtauschmöglichkeiten informieren und den Kassenbon gut aufbewahren. Und wenn dann der Verkäufer, der Ihnen eben noch super gutgelaunt die Horrorbluse in Petrol-Metallic aufgeschwatzt hat, persönlich beleidigt ist, soll er sie doch selbst anziehen, wenn sie ihm so gut gefällt.

Shoppingmisserfolgsdepression, die

Die Shoppingmisserfolgsdepression tritt auf bei sehr hoher Kaufmotivation, der aber angesichts von schrecklichen Mustern, merkwürdigen Farben, schlechten Schnitten und viel zu kleinen Klamotten nicht nachgegangen werden kann, so dass sie sich zu einem massiven Stimmungstief auswächst, in dem Frau geneigt ist,

a) sich mit kalorienreichen Snacks zu entschädigen,

b) Dinge zu erwerben, die sie weder schön findet noch braucht, um bloß nicht mit dem schrecklichen Gefühl nach Hause zu gehen, das ganze schöne Shopping sei ergebnislos gewesen.

DER SHOPATHLON

Der Shopathlon besteht aus drei Disziplinen, die Frauen bestens beherrschen:

Shoppingmarathon, der

Bei keiner anderen Sportart beweisen Frauen solche Ausdauer wie beim Shopping. Die Ultra-Shopathletinnen sind in der Lage, über einen Zeitraum von mehreren Stunden das Shopping ohne Ermüdungserscheinungen durchzuhalten.

Sprintshopping, das

Sprintshopping ist ebenfalls eine Paradedisziplin von Frauen, die sich aber in der Regel auf den Kauf von Lebensmitteln beschränkt. Die Shopathletinnen sind dabei durch ihre exzellente Kenntnis der Örtlichkeiten und ihre Fähigkeit zum blitzartigen Bewerten von Qualitätsunterschieden in der Lage, in einer unglaublichen Geschwindigkeit durch den Supermarkt zu laufen und im Vorbeigehen die Lebensmittel für den Tag zielstrebig in den Einkaufswagen zu werfen.

Supermarktkassensprint, der

Ebenfalls eine Disziplin des Shopathlons ist der Supermarktkassensprint. Der eine oder andere Mann versucht zwar durchaus mitzuhalten, scheitert aber in der Regel an der größeren Erfahrung und Entschlossenheit, die Frauen an den Tag legen, wenn es darum geht, die Kasse mit der kürzesten Schlange zu erwischen.

Der Start erfolgt dabei fliegend mit dem Lautsprecher-Signal »Wir öffnen Kasse drei für Sie!«. Die Profis unter den Shopathletinnen erkennt man an ihrer guten Ausgangsposition. Amateurinnen dagegen haben nicht vorausgesehen, dass ihnen gleich die Tiefkühlwarenanlieferung den Weg versperren wird. Nach dem Startschuss gilt es, die Konkurrenz gnadenlos auszuschalten, wobei dem Einkaufswagen eine entscheidende strategische Bedeutung zukommt, der nämlich zum Zweck der Blockade der Konkurrenten und zum Sichern der eigenen Position mit ruckartigen, sekundenschnellen Bewegungen vorgeschoben wird. Zeitgleich will die Wettkämpferin so schnell wie möglich die Beschleunigungsstufe »flottes, zielstrebiges Gehen« erreichen, ohne in entlarvendes Rennen überzugehen. Denn der Supermarktkassensprint ist keine offiziell ausgetragene Disziplin, sondern gilt als heimlicher Konkurrenzkampf.

Der Siegerin winkt der Preis der kürzesten Wartezeit. Wer den gewinnt, steht erst nach der Bezahlung fest. Denn auch wenn die Sportlerin durch Behändigkeit und geschicktes Taktieren die kürzeste Kassenschlange erwischt hat, kann es sein, dass die entsprechende Kassiererin heimtückisch vom Mangel an Kleingeld oder der Reklamation eines Kunden aufgehalten wird und die anderen Schlangen plötzlich in hohem Tempo vorrücken. So kann sich bei dieser bis zuletzt spannenden Disziplin ein sicher geglaubter Sieg noch in eine Niederlage verwandeln. Triumph und Scheitern liegen beim Supermarktkassensprint so eng beieinander, dass man auf den Gedanken kommen könnte, es mache mehr Sinn, gar nicht erst anzutreten, und sich die Zeit des Wartens mit amüsiertem Beobachten der Hektik der anderen zu vertreiben. Aber wo bliebe da der Sportsgeist?

Siamesische Freundinnen, die

Eine Frau braucht eine beste Freundin, und im besten Fall geht sie mit ihr durch dick und dünn, ein Leben lang. Hat man eine solch besondere Freundin getroffen, muss man pfleglich und achtsam mit der Freundschaft umgehen. Dazu gehört auch, zumindest phasenweise, das Wahren eines gewissen Abstands. Denn sonst besteht das Risiko, zu Siamesischen Freundinnen zu avancieren. Siamesische Freundinnen

a) halten sich ständig über jede noch so kleine Kleinigkeit auf dem Laufenden,
b) treffen keine Entscheidung allein und schalten selbst eine Videokonferenz zum Thema »Erdbeer- oder Kirschjoghurt?«,
c) stellen ihre Vertrautheit vor aller Welt zur Schau,
d) kaufen die gleichen Klamotten,
e) gehen zum gleichen Friseur,
f) verwenden die gleichen Formulierungen,
g) lassen kein Wörtchen der Kritik an der jeweils anderen gelten.

Dieser Zustand ist sehr gefährlich, denn es ist möglich, dass der einen Freundin plötzlich eine bestimmte Angewohnheit der anderen doch auf die Nerven geht oder die eine sich verliebt oder sich auf einmal unabgesprochen die Haare schneiden lässt. Diese klein erscheinenden Veränderungen verträgt eine siamesische Freundschaft aber nicht. Und da kann es ganz schnell dazu kommen, dass aus Siamesischen Freundinnen plötzlich erbitterte Feindinnen werden.

Schminkwahn, der

Obwohl man die Errungenschaften der kosmetischen Industrie gar nicht genug rühmen kann, gibt es doch selbst in Bezug auf das dekorative Schminken gewisse Grenzen, die eine Frau nicht überschreiten sollte. Make-up ist dazu da, Unschönes zu vertuschen, nicht, es zum Vorschein zu bringen. Wenn Frau aber über die an Rauputz erinnernde, fingerdicke Foundation noch ein paar Pfund losen Puder streut, Rougekleckse mit der Farbrolle auf die Wangen malt, den Lidschatten mit dem Spachtel aufträgt, den Kajalstift wie einen Edding benutzt und die Wimpern wahlweise mit Tusche verklumpt oder sich gleich zentimeterlange, künstliche Augenhaare anpappt, ist sie eindeutig dem Schminkwahn verfallen. Oder eine Drag Queen.

Ebenfalls ein Zeichen von Schminkwahn ist, wenn die Betroffene vor dem Hinausbringen des Mülls frischen Lippenstift auflegt, der im Kühlschrank der Butter den Platz streitig macht, zusammen mit all den Alternativ-Lippenstiften und Cremetiegelchen.

Lebensgefährliche Formen nimmt der Schminkwahn an, wenn Frau den Rückspiegel nicht nur kurz vor dem Aussteigen aus dem Auto zur Kontrolle des Make-ups benutzt, sondern um bei hundertfünfzig auf der Autobahn einen perfekten Lidstrich zu ziehen. Dann kann es durchaus passieren, dass sie mit der Aktion einen weitaus dramatischeren Effekt erzielt als einen geheimnisvollen Augenaufschlag.

Solo-Unternehmungsangst, die

Viele Frauen würden gern mehr unternehmen, finden aber niemanden, der mitmachen will. Das kann daran liegen, dass ihr Partner eine chronische Couch-Potato mit Tanzbeinimmobilität ist oder alle Freundinnen unter allgemeinem Stress oder → *Hypervernünftigkeit* leiden. Und deswegen lassen die Frauen es selbst auch bleiben und gehen nicht Salsa tanzen oder in die Ausstellung oder ins Café oder ins Kino.

Grund dafür ist nicht etwa die Angst, allein irgendwo hinzugehen, sondern die Angst, dass andere bemerken könnten, dass man allein irgendwo hingegangen ist, und daraus schlussfolgern könnten, dass man keine Freunde hat. Weil man eine verschrobene Einzelgängerin ist oder eine Nervensäge oder weil man aus dem Mund riecht oder sonst irgendetwas mit einem nicht stimmt.

Das ist natürlich Blödsinn, weil niemand so was denkt. Und wenn doch, sollte es einen auch nicht davon abhalten, das zu unternehmen, worauf man Lust hat. Denn die Solo-Unternehmungsangst ist zwar eine lästige, aber leicht zu kurierende Störung. Kino zum Beispiel ist eine bestens geeignete Einsteigerübung für ein Date mit sich selbst, da hier die Möglichkeiten, beobachtet zu werden, naturgemäß eingeschränkt sind. Auch im Museum fällt man allein kaum auf. Fortgeschrittene setzen sich an einen Einzeltisch ins Café und lassen beim zweiten Besuch sogar das Smartphone in der Tasche. Und wenn Frau dann anfängt, diese Cafébesuche in ihrer eigenen Gesellschaft zu genießen, kann sie den Rucksack packen und zu dem Trip aufbrechen, den sie schon immer mal machen wollte, für den sich aber bisher kein Reisepartner gefunden hat. Dabei hatte sie die ganze Zeit über schon einen, hat es nur wegen der Solo-Unternehmungsangst nicht bemerkt: sich selbst.

Spagatneid, der

Spagatneid ist definiert als anerkennendes, ungläubiges und begehrliches Staunen über die Fähigkeit von einigen Frauen, ihre Beine in den gestreckten Winkel spreizen und dabei lächeln zu können, während einem schon vom Zuschauen die Adduktoren reißen.

Autobiographischer Wahnsinn

Mit elf lernte ich mal ein Mädchen kennen, das Susi hieß, einen Hosenanzug aus grünem Cord trug, leidenschaftlich für Jürgen Drews schwärmte und Spagat konnte. Ich war sofort elektrisiert von ihrer unglaublichen Coolness. Da mir damals schon klar war, dass das Schicksal es mir und meinen Bändern nicht vergönnen würde, jemals ihre Dehnfähigkeit zu erlangen, versuchte ich, zumindest Jürgen-Drews-Fan zu werden. Was sich leider als ebenso aussichtslos herausstellte, denn mein Geschmack war auch nur begrenzt dehnfähig. So blieb mir nur die stumme Bewunderung für die elastische Susi, während ich mich aufmachte, den langen Weg des Abfindens mit den eigenen Unzulänglichkeiten zu beschreiten.

Specktarnkrampf, der

Der Specktarnkrampf ist eine Ursache für → *Beknacktes Stehen* oder → *Beknacktes Sitzen* und wird definiert als das Einnehmen aller möglichen unnatürlichen Haltungen zum Zweck der Vertuschung von Problemzonen. Wogegen eigentlich nichts zu sagen ist, schließlich will sich jede auf die beste Art präsentieren. Ein Specktarnkrampf liegt aber dann vor, wenn keinerlei natürliche Bewegungen mehr ausgeführt werden, weil die Betroffene Angst hat, jemand könnte bemerken, dass sie keine Modelmaße aufweist. Das ist natürlich totaler Quatsch, weil die anderen das sowieso bemerken und noch dazu die Unsicherheit und Unzufriedenheit mit dem eigenen Körper. Häufig werden zum Verdecken von Fettansammlungen eine oder beide obere Extremitäten verwendet (siehe auch → *Bauchspecktarnarm*) und/oder eine unnatürliche Sitzposition eingenommen.

Gelegentlich werden auch Kleidungsstücke und Gegenstände zum Tarnen von Speckrollen benutzt, etwa eine Handtasche, die auf den Schoß gestellt wird, um scheinbar darin herumzukramen, während man dahinter mal den Wanst rausstrecken und richtig durchatmen kann. Auch ein Pareo oder ein Pullover, der um die Hüften geschlungen wird, gilt als Möglichkeit, Problemzonen zu kaschieren. Zwar wirkt der textile Sichtschutz eher wie eine weiße Fahne der Kapitulation, die jedem Umstehenden innerhalb eines Kilometers signalisiert, dass er es hier mit einer Problemzone zu tun hat, aber egal, denn solange es jede macht, fühlt man sich besser.

Spiegelbild-Sehstörung, die

Ähnlich wie bei der → *Fotoinduzierten Makelkonzentration* liegt eine Spiegelbild-Sehstörung dann vor, wenn man sich nicht am erfreulichen Gesamtpaket des Spiegelbilds ergötzt, sondern sich ausschließlich auf seine Problemzonen konzentriert. Anstatt einfach eine schöne Frau zu sehen, sieht man nur Falten, Speckrollen, Pickel, blöde

Haare, einen dicken Bauch, einen dicken Hintern, dicke Beine, dicke Oberarme, dicke Unterarme – und dann erst dieser griesgrämige Gesichtsausdruck!

Zwei Therapieformen haben sich bei der Spiegelbild-Sehstörung als hilfreich erwiesen: Bei jedem Blick in den Spiegel lächeln und laut sagen: »Hey, siehst du klasse aus!«

Oder das Licht im Zimmer dimmen.

Spiegelbildverzerrautomatismus, der

Eine Steigerung der → *Spiegelbild-Sehstörung* ist der Spiegelbildverzerrautomatismus. Hierbei findet die Betroffene auf den ersten Blick keine Problemzone, sorgt dann aber selbst dafür, dass sie welche bekommt. Wenn man eines oder mehrere der folgenden Symptome an sich beobachtet, zählt man zu den Betroffenen:

a) Beim Blick in den Spiegel drücken Sie das Kinn nach unten, um sich über Ihr gigantisches Doppelkinn zu ärgern.
b) Sie kneifen die Augen zusammen, um sich von der Menge an Krähenfüßen überwältigen zu lassen.
c) Sie blähen Wangen und Bauch auf.
d) Sie ziehen mit der Hand die Stirnhaut nach oben und befinden, dass ein Lifting dringend angebracht wäre, was Sie aber natürlich niemals machen werden, und lassen die Stirnhaut mit einem frustrierten Stöhnen wieder nach unten sacken.

Gegen den Spiegelbildverzerrautomatismus hilft nur eines: diesen Blödsinn lassen.

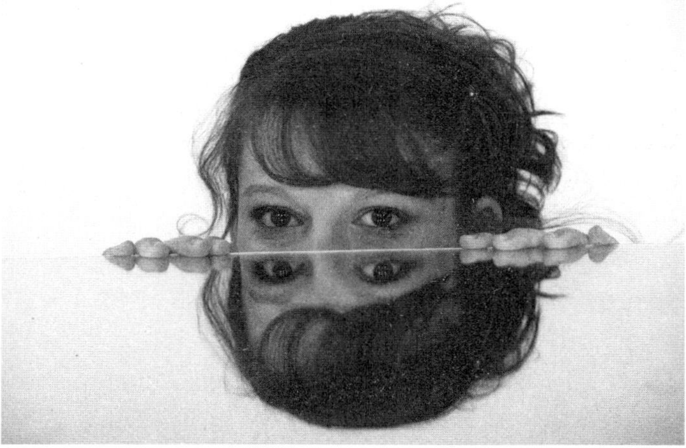

Spontanverliebtheit, die

Viele Frauen sind so leicht entflammbar wie eine Polyesterperücke. Ein freundlicher Blick, ein netter Spruch, ein Kompliment – und schon sind sie verliebt. Sie reagieren natürlich etwas über, aber das macht das Leben so viel aufregender! Vor allem, wenn man dem Typen, der vielleicht einfach nur höflich war, danach so richtig auf die Pelle rückt. Eine einstweilige Verfügung ist doch immer wieder ein hübsches Highlight in der Vita.

Sportergebnisamnesie, die

Die Sportergebnisamnesie ist eine völlig unwichtige, kleine Macke, die darin besteht, dass der Betroffenen nach kürzester Zeit die Ergebnisse von Fußballspielen, Boxkämpfen oder Leichtathletikwettbewerben entfallen. Aber solange die Betroffene noch alle Gewinner der Academy Awards der letzten Jahrzehnte herunterrasseln kann, besteht wirklich kein Grund zur Sorge.

Streitbeilegungsschwäche, die

Die Streitbeilegungsschwäche tritt häufig kombiniert mit → *Entschuldigungserwartungsbesessenheit*, → *Beleidigte-Leberwurst-Syndrom* und → *Elefantengedächtnis* auf und ist gekennzeichnet als Unvermögen, einfach den Schwamm zu nehmen, einmal kräftig über die Auseinandersetzung drüberzugehen und weiterzumachen, als wäre nichts passiert.

Dabei scheint die Streitbeilegungsschwäche eine genetische Besonderheit auf dem X-Chromosom zu sein, die sich mit Erreichen des Schulalters zu entwickeln beginnt. Denn während es im Kindergartenalter noch wenige Unterschiede im Streitverhalten zwischen Jungs und Mädchen gibt, wird in der Grundschule schon geschlechtsspezifisch gezankt. Dabei ist häufig zu beobachten, dass ein Streit unter Jungs innerhalb von Minuten bis maximal Stunden vergessen ist, während es Mädchen auch in diesem Alter schon schaffen, die Gegenpartei nach einem Streit über Tage auszugrenzen. Dabei suchen sie sich gern Verbündete, die bei der Ausgrenzung mitmachen. Man muss es leider sagen: Das ist wirklich ein wahnsinniges Verhalten, das uns allen das Leben schwermacht, und das wir unbedingt ändern sollten!

Stutenbissigkeit, die

Stutenbissigkeit gehört ebenfalls zu den unangenehmsten Eigenschaften von Frauen. Während Männer sich meist auf die simple Einschätzung beschränken, wer in einer körperlichen Auseinandersetzung als Sieger vom Platz gehen würde, ist die Rivalität zwischen Frauen viel komplizierter, weil subtiler und auf verschiedene Komplexe bezogen. Stutenbissigkeit kann vorkommen, wenn die andere Frau

a) hübscher ist,
b) einen hübscheren Mann hat,
c) reicher ist,
d) einen reicheren Mann hat,
e) in der Bürohierarchie eine Position über einem steht,
f) in der Bürohierarchie eine Position unter einem steht,
g) in der Bürohierarchie auf derselben Position steht,
h) eine totale Zicke ist.

Charakteristisch ist dabei, dass Betroffene eine offene Auseinandersetzung selten eingehen, weil sich so etwas eben nicht gehört. Da wird lieber hinten herum gelästert und intrigiert. Dabei wirkt ein offenes Gespräch mit der Konkurrentin manchmal Wunder, wenn dabei zum Beispiel herauskommt, dass die andere eine Sache gar nicht so meinte, wie man sie ihr aber angekreidet hatte. Darum sollten wir das mit der Stutenbissigkeit lieber gleich und ein für alle Mal lassen.

SONDERTEIL Stimmungsschwankungen

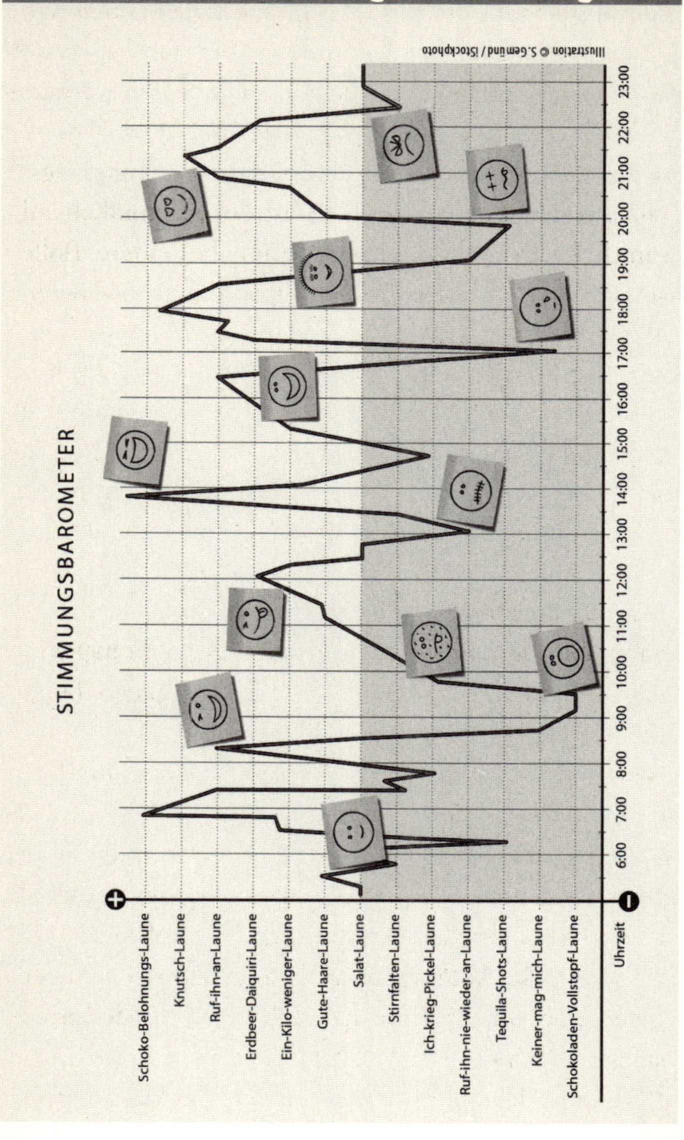

Stimmungsschwankungen, die

An dieser Stelle soll mal nicht über die üblichen und allgemein bekannten hormonellen Stimmungsschwankungen im Verlauf eines Monats gesprochen werden. Ja, die gibt es, und die sind auch wirklich doof. Was einen aber echt umhauen kann, ist, dass die Stimmungskurve von Frauen wie der DAX extrem empfindlich auf sämtliche Ereignisse reagiert. Eine besondere Rolle spielen dabei zahleninduzierte Stimmungsschwankungen, bei denen es bei Abweichung von als optimal vorgegebenen Zeit- und Mengenangaben zu extremen Hochs beziehungsweise Stimmungstiefs kommen kann. Siehe auch → *Zahlenhörigkeit*.

Zur Veranschaulichung siehe Stimmungsbarometer samt erläuterndem Protokoll.

Stimmungsbarometer, das Protokoll
oder: How do women they ever manage to be happy?

6.30 Uhr: Habe acht Stunden perfekt geschlafen. Fühle mich super.

6.31 Uhr: Habe aber gestern Abend eine ganze Tüte Chips gegessen. Stimmung sinkt.

6.40 Uhr: Entdecke im Spiegel das erste graue Haar. Stimmung sinkt weiter. Frage mich, warum ich überhaupt so gut geschlafen habe. War alles umsonst.

6.50 Uhr: Das Volumenspray vom Friseur riecht super. Investition von 25 Euro hat sich gelohnt. Stimmung steigt.

6.55 Uhr: Haare liegen nach Fönen superklasse. Stim-

mung steigt weiter. Wenn da nur nicht die Chips gewesen wären. Stimmung sinkt wieder.
7.10 Uhr: Lieblingsjeans passen total gut, Knopf geht leicht zu. Erleichtertes Glucksen! Stimmung schnellt total nach oben!
7.45 Uhr: Coffee-to-go gekauft. Der Verkäufer sagt: »Ciao, Bella!« Stimmung phantastisch!
7.46 Uhr: Der nette Verkäufer lächelt zum Abschied. Und sagt zu der alten Frau neben mir »Ciao, Bella«. Stimmung sinkt rapide.
7.50 Uhr: Keinen Sitzplatz in der Bahn bekommen. Mache im Stehen Pogymnastik. Ha! Endlich mal einen guten Vorsatz umgesetzt. Stimmung gut.
7.52 Uhr: Der Typ neben mir lässt einen fahren und steigt aus. Es stinkt. Eine Frau schaut mich an und flüstert ihrer Nachbarin etwas zu. Shit! Die denken, ich wäre das gewesen! Warum habe ich nur die Pomuskeln angespannt? Peinlich! Stimmung sinkt.
7.56 Uhr: Steige zwei Haltestellen zu früh aus und gehe den Rest zu Fuß. Vorbildliches Kalorienverbrennen. Stimmung steigt wieder.
8.30 Uhr: Kompliment für Haare von Kollegen bekommen. Stimmung sehr gut!
8.32 Uhr: Überprüfen im Spiegel. Haare liegen doch total bescheuert! Der Kollege kann das nur ironisch gemeint haben. Arschloch. Stimmung sinkt.
10.15 Uhr: Chefin sagt mir, ich solle Vorschläge selbstbewusster vortragen, und schlägt Rhetorikseminar vor. Fühle mich total mies.

10.50 Uhr: Rufe Freundin an. Sie bestätigt mir, dass meine Chefin kein Recht hat, mich so schlechtzumachen. Stimmung steigt.
12.30 Uhr: Mittagspause. Lasse mich von Kollegin anstiften und bestelle Wiener Schnitzel mit Pommes. Freue mich wie ein Kind über das leckere Essen. Stimmung steigt.
12.42 Uhr: Kollegin erzählt, dass sie fünf Kilo zugenommen hat. Sie hat es nicht gemerkt. Wegen dem Stretch in den Hosen. Oh Gott, ich habe bestimmt auch total zugenommen. Stimmung sinkt.
12.56 Uhr: Ab Montag mache ich Diät. Aus taktischen Gründen gönne ich mir noch eine Mousse au Chocolat. Das steigert Motivation *und* Durchhaltevermögen. Stimmung steigt.
13.35 Uhr: In »Gala« Foto von JLo am Strand gesehen. Hahahahahaha! Stimmung bombastisch!
13.36 Uhr: Erinnerung an Astrid Hotzer, die mich im achten Schuljahr im Schwimmbad wegen *meiner* Oberschenkel ausgelacht hat. Stimmung sinkt drastisch.
14.12 Uhr: Mail von Jonas. Er will sich mit mir treffen! Stimmung superobermegaklasse!
17.00 Uhr: Ausverkauf bei Mexx. Finde Rock in Größe 38! Beim Anprobieren springt der Knopf ab. Schamattacke! Stimmung sinkt.
17.30 Uhr: Laufe Vera in die Arme. Beichte die Sache mit dem Knopf. Sie sagt, das läge nur an der schlechten Qualität. Wir gehen Sushi essen. Stimmung klasse.
21.30 Uhr: Sushi hat quasi keine Kalorien. Esse zu

Hause ein halbes Twix. Und dann die andere Hälfte. Schlechtes Gewissen. Stimmung sinkt. Ab Montag mache ich Diät und Sport und kaufe mir nie wieder Süßigkeiten. Dann bin ich bis zum Date mit Jonas in Topform. Genau. Stimmung wieder gut.
22.18 Uhr: Gehe ins Bett. Wehe, wenn ich nicht acht Stunden schlafen kann, dann bin ich echt sauer.

Tanzautomatismus, der

Während Männer zur *Tanzbeinimmobilität* neigen (siehe *Männerkrankheiten*, Ullstein 2012), kommt es bei Frauen häufig zu einem Tanzautomatismus, der von bestimmten Musikkompositionen verursacht werden kann. Dabei reichen nicht selten einige wenige Töne von einer bekannten Melodie aus, um für Betroffene eine unwiderstehliche Anziehungskraft von Seiten der Tanzfläche fühlbar zu machen. Am zuverlässigsten stellt sich quer durch alle Altersgruppen der Tanzautomatismus ein bei Klassikern wie »Dancing Queen« von ABBA und »I will survive« von Gloria Gaynor. Aber natürlich gibt es generationsspezifische Unterschiede und wechselnde modische Trends, die die Mädels reihenweise auf die Tanzfläche ziehen. Manchmal wird der Tanzautomatismus auch begleitet von heftigen Mitgrölattacken, wobei hier deutsche Schlager am weitesten vorn liegen wie »Das rote Pferd« oder auch Antiquitäten wie »Griechischer Wein« und »Ich war noch niemals in New York«.

Technische Schizophrenie, die

Es gibt Frauen, besonders älteren Semesters, die sich von moderner digitaler Technik überfordert fühlen und sich weder mit einem DVD-Player noch mit einem Handy auseinandersetzen wollen, die aber mit einem Blick das cockpitartige Display ihrer Waschmaschine erfassen und überhaupt keine Schwierigkeiten haben, mit kompliziertesten Bügelstationen und Hochleistungs-Power-Induktionsherdplatten klarzukommen. Doch selbst wenn diesen Betroffenen ausführlich dargelegt wird, dass sie unter Technischer Schizophrenie leiden, werden sie weiterhin behaupten, ein Handy nicht bedienen zu können.

Telefonitis, die

Telefonitis bezeichnet das wasserfallartige Quasseln am Telefon, womit viele Frauen infiziert sind. Während die Betroffenen in grauer Vorzeit dazu verdammt waren, mit dem einzigen Haustelefon loszuziehen, um irgendwo in Reichweite der Schnur ein ungestörtes Plätzchen in den eigenen vier Wänden zu finden und sich wegen Leitungsblockade mit der ganzen Familie anzulegen, können Frauen heutzutage ihre Telefonleidenschaft ambulant ausleben und immer und überall per Handy telefonieren. Das Rumgemotze der nächsten Verwandtschaft ist endlich passé! Und über genervte Blicke von Mitreisenden, Passanten, Supermarkt-Kunden oder irgendwelchen anderen Spießern, die meinen, Flatrates hätten zu einer massiven Ausbreitung und Verschlimmerung der Telefonitis beigetragen, kann die Betroffene nur müde lächeln. Sollen diese Nörgler doch zu Hause bleiben, wenn sie sich von lebenswichtigen Berichterstattungen über die Beziehungskrise von Detlef und Sabine oder über den genauen Standort, an dem man jetzt gerade ist und an dem man vorher war und an dem man gleich sein wird, belästigt fühlen!

Telefonnummernamnesie, die

Viele Frauen leiden unter einer speziellen Form der Vergesslichkeit, der sogenannten Telefonnummernamnesie. Die betrifft aber in der Regel nur eine einzige Nummer.

Nämlich ihre eigene Handynummer, die sie sich zum Verrecken nicht merken können. Der Grund ist natürlich klar: Sie rufen sich ja selbst nicht an!

To-do-Listen-Endlosschleife, die

Betroffene der To-do-Listen-Endlosschleife denken fortwährend darüber nach, was sie noch alles zu erledigen haben, auch wenn sie gerade dabei sind, etwas anderes zu erledigen oder nichts anderes zu erledigen.

Die To-do-Liste rattert unablässig zu jeder Tages- und Nachtzeit durch den Kopf. Wie ein Tinnitus.

Entspannen ist für Betroffene dementsprechend furchtbar schwer bis unmöglich. Selbst wenn sie es schaffen, sich mit der Zeitung aufs Sofa zu setzen, lesen sie nur vordergründig den Artikel über die Energiewende, während im Hinterkopf die To-do-Liste ständig aktualisiert wird. Dabei sind es noch nicht einmal wirklich wichtige Dinge, die einen beschäftigen. Aufgaben wie »die richtige Altersvorsorge finden« oder »das klärende Gespräch mit dem Vorgesetzten angehen« können Betroffene erfolgreich verdrängen, im Gegensatz zu Aufgaben wie

a) die monatliche Solosocken-Paar-Zusammenführung,
b) das Versteigern der nie gesehenen Pilates-DVDs bei eBay,
c) das Markieren zusammengehöriger Gefrierdosenteile,
d) der Kauf neuer Haftnotizzettel,

e) das Erledigen von 86 anderen Kleinigkeiten,
f) das Erledigen von 87 anderen Kleinigkeiten (neu auf der Liste: Ölen der Schranktür).

Die Macht der unerledigten Aufgaben – der Zeigarnik-Effekt

Die clevere russische Psychologin Bljuma Wulfowna Zeigarnik fand 1927 heraus, dass man sich an unerledigte Handlungen eher erinnert als an erledigte. Dieses Phänomen nennt man in der Psychologie darum »Zeigarnik-Effekt«. Als Ursachen gelten »Restspannungen« im Erinnerungsvermögen und eine »nicht eingetretene Wunscherfüllung«. Das kennt man von Fernsehserien: Ein spannender Cliffhanger löst den starken Wunsch aus, zu wissen, wie es weitergeht.

Ungeklärt bleibt die Frage, warum Männer immun gegen den Zeigarnik-Effekt sind. Zumindest, wenn es um den Bereich Haushalt geht. Da kommen ihnen locker Sätze über die Lippen wie: »Ich kann doch morgen das Bad putzen.« Und dann schauen sie in Ruhe die Wiederholung des Formel-1-Rennens und vergessen jede unerledigte Aufgabe. Wie *dieser* Effekt genannt wird, sollte mal ein Psychologe untersuchen!

Torschlussverliebtheit, die

Bei der Torschlussverliebtheit kommt es zu einer radikalen Absenkung der eigenen Ansprüche an Männer, was den Kreis der potentiellen Partner extrem vergrößert. Auslöser für die Torschlussverliebtheit können sein

a) die dritte Einladung zu einer Hochzeit in Folge,
b) eine laut tickende biologische Uhr,
c) das zersetzende Genörgel der Verwandtschaft über den eigenen Familienstatus,
d) die Begegnung mit dem Ex und seiner Neuen.

Die Torschlussverliebtheit macht aus dem gähnend langweiligen Kollegen und dem Plappermaul von ehemaligem Schulkameraden auf einmal strahlende Helden. Die Torschlussverliebtheit hat dabei durchaus gute Seiten, denn sie bringt einen dazu, auch den Typen eine Chance zu geben, die man früher nicht mit der Kneifzange angefasst hätte – mit zum Teil völlig überraschendem Erkenntnisgewinn. Denn vielleicht stellt man auf einmal fest, dass der langweilige Kollege total interessante Hobbys und nette Freunde hat oder man die Belesenheit des ehemaligen Schulkameraden total unterschätzt hat. Dann kann es sein, dass Frau sich fragt, warum sie nicht früher auf die Idee gekommen ist, ihm eine Chance zu geben …? Das wäre der ideale Verlauf der Torschlussverliebtheit!

Tränendrüsenüberfunktion, die

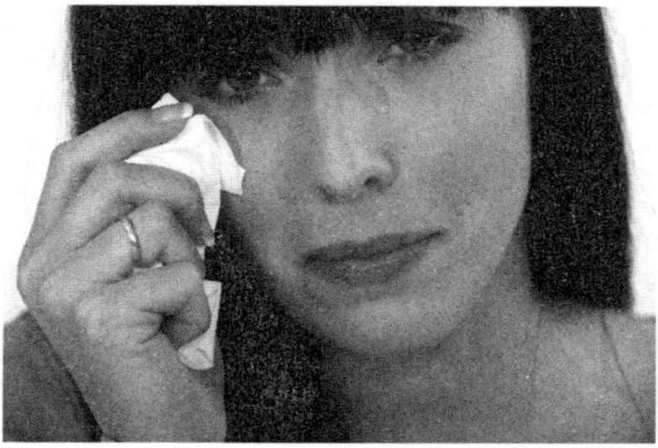

Eine Tränendrüsenüberfunktion ist definiert als unkontrollierbares Weinen in Situationen, in denen man es überhaupt nicht will und es auch gar nicht gebrauchen kann.

Außer bei frisch gekürten Academy-Award-Gewinnerinnen ist eine Tränendrüsenüberfunktion vor allem im Zusammenhang mit dem Job eine sehr lästige Sache. Heulen vor Vorgesetzten oder Kollegen bestätigt nämlich leider das Klischee der überforderten und konfliktunfähigen Tussi und führt in der Regel zu Herabsetzung im Ansehen. Und gerade dieses Wissen begünstigt auch noch Anfälle der Tränendrüsenüberfunktion. Denn ähnlich wie beim Lachanfall auf einer Beerdigung ist die Gefahr umso größer, dass die Tränendrüsenüberfunktion eintritt, wenn Frau genau weiß, dass das unter gar keinen Umständen passieren darf. Wenn sie die Tränendrüsenüberfunktion dann überkommt, hat sie wie beim Erscheinungsbild der → *Hektischen Flecken* nur eine Chance: Es akzeptieren und dazu stehen. Denn so etwas passiert den Besten unter uns.

Tratscherpressung, die

Tratscherpressung ist eine Sammelbezeichnung für alle Maßnahmen, die dazu führen, intime Details aus einer Gesprächspartnerin zu quetschen. Die Tratscherpressung beruht auf dem Ersten Tratschgesetz: Wie ich dir, so du mir. Und es funktioniert eigentlich immer, weil die meisten Frauen mit leichter Affinität zur → *Tratschsucht* wissen, dass das Klatsch-Karma stets ausgeglichen sein muss. Wenn man nämlich nie etwas Persönliches erzählt, bekommt man irgendwann auch nichts Interessantes von anderen mehr erzählt.

Tratschsucht, die

Im Gegensatz zum → *Lästern*, dem immer eine gewisse Boshaftigkeit innewohnt, bezeichnet Tratschen den harmlosen Austausch völlig belangloser Informationen aus dem Bereich des Privatlebens von anderen Leuten, gern auch von Royals und Prominenten, zum Zweck der Unterhaltung. Ein von Männern und anderen Miesmachern häufig belächelter, weil angeblich überflüssiger Zeitvertreib. Dabei hat die Tratschsucht viele Vorteile. Bei Themen wie »Prinzessin Kate shoppt zu viel« oder »Boris Becker twittert sich um den Verstand« braucht man sich nämlich mal ausnahmsweise keine Sorgen um die eigene Existenz zu machen. Zwischen all den Nachrichten von Staatsbankrotts und Fukushima und dem Bau einer

Schnellstraße hinter dem eigenen Garten und Krankheitsfällen in der Familie ist es manchmal einfach nur wohltuend, über völlig banale Dinge zu reden. Denn in Momenten, in denen das sechste Kind von Angelina Jolie oder der entblößte Rücken von Emma Watson auf dem Roten Teppich alle Hiobsbotschaften überstrahlen, weiß man plötzlich: Heute wird die Welt doch noch nicht untergehen. Genau deswegen wird das Tratschen auch »die Panoramaseite des Lebens« genannt.

Weiberwahnsinnige Sprichwörter
Wie ich dir, so du mir.
(Erstes Tratschgesetz)

Trendsprintkrankheit, die

Bei der Trendsprintkrankheit wird die Betroffene von der Panik geplagt, irgendeinen Trend, eine Mode, ein aktuelles Must-have oder ein No-Go zu verpassen. Deswegen werden Modezeitschriften abonniert, internationale Mode-Blogs inhaliert und ständig die Szene in In-Lokalen und -Clubs gescannt, um mitzukriegen, was gerade angesagt ist, was man unbedingt haben muss oder worin man sich auf gar keinen Fall mehr sehen lassen kann, will man sich nicht als mode-retardiert outen. Diese Panik ist aber ziemlich unbegründet. Denn zum einen gibt es gar nicht so viele Frauen, die unter der Trendsprintkrankheit leiden und deswegen wissen, dass Stulpen oder Jeggings schon wieder out sind. Und zweitens kann man immer noch das, was man morgens aus dem Kleiderschrank gefischt hat, selbst zum Trend erklären. Und dann werden die anderen Trendsprinterinnen schon Augen machen!

Umerziehungssucht, die

»Man muss Männer nehmen, wie sie sind. Man darf sie nur nicht so lassen«, hat Zsa Zsa Gabor mal gesagt. Und spricht damit bis heute allen Frauen aus dem Herzen, die der Meinung sind, sie könnten dem Mann seine kleinen Macken und Eigenheiten austreiben. Ihm beizubringen, dass eine saubere Wohnung kein Zauberwerk der Heinzelmännchen ist, gehört dabei ganz klar zur normalen Beziehungsarbeit. Wenn Frauen aber meinen, sie könnten einen Autonarren von einem Mazda-Kombi überzeugen oder George Clooney vor den Traualtar schleppen, dann liegt ein klarer Fall von Umerziehungssucht vor. Und diese Versuche, den Mann zu ändern, werden aller Wahrscheinlichkeit nach scheitern. Wenn eine Betroffene es aber tatsächlich geschafft haben sollte, ihren Mann so zu gestalten, wie sie ihn sich immer gewünscht hat, wenn er keine verqueren Hobbys mehr hat, sich nicht mehr mit seinen Kumpels zusammen zudröhnt und endlich schicke Klamotten und eine anständige Frisur trägt, dann wird ihr Interesse an ihm sehr schnell erlöschen. Denn nichts ist langweiliger für eine Frau mit

Umerziehungssucht als ein Mann, an dem es nichts umzuerziehen gibt.

Underdressed Panik, die

Die Underdressed Panik bezeichnet die Angst, nicht dem Rahmen einer Veranstaltung entsprechend gekleidet zu sein und in einem viel zu legeren Outfit zu erscheinen. Die Underdressed Panik ist dabei nicht so stark ausgeprägt wie die → *Overdressed Panik*, weil man in einem zu zwanglosen Outfit viel weniger auffällt als zum Beispiel in großer Robe zwischen Büroschick. Underdressed kann man immer noch als unwichtige Randfigur durchgehen, während man overdressed nicht nur schnell im Mittelpunkt steht, sondern auch Assoziationen auslöst wie

a) größenwahnsinnig,

b) total naiv,
c) wahnsinnig dumm,
d) extrem lächerlich.

Deswegen ziehen Frauen, die vor einem gesellschaftlichen Ereignis ihren Kleiderschrank durchwühlen, in der Regel das klassische Outfit dem aufgedonnerten vor, wenn sie nicht hundertprozentig sicher sind, was der Dresscode vorschreibt.

Weiberwahnsinnige Sprichwörter
Wer schön sein will, muss brutzeln.

Urlaubsbräunesucht, die

Eine sonnengebräunte Haut wird bei weiten Teilen der weiblichen Bevölkerung immer noch als erstrebenswert erachtet. Ein goldener Teint, der einen vom Stubenhocker unterscheidet, ist dabei durchaus als gesund zu bewerten. Wenn jedoch eine Blondine den Teint von Roberto Blanco aufweist, bestehen nicht nur aus dermatologischer Sicht Zweifel an ihrem Gesundheitszustand. Hier liegt nämlich der Verdacht nahe, dass eine Urlaubsbräunesucht vorliegt. Eine klare Diagnose lässt sich bei Frauen stellen, die im Urlaub

a) den Tag auf der Sonnenterrasse beginnen,
b) sich auch in der prallen Mittagshitze an den Strand legen,

c) bis zum Sonnenuntergang ihr Gesicht der Quelle aller UV-Strahlen entgegenstrecken,
d) unter Sonnenschutzcreme Babyöl verstehen,
e) Sonnenbrand als Erfolg bewerten.

Der nahtlosen Bräune geben Urlaubsbräunesüchtige den Vorzug, was zu modisch kuriosen Bikiniträger-Schnür-und-Verschiebe-Maßnahmen und akrobatischen Busenblitzer-Verhinderungs-Umdrehaktionen führt, wenn die Betroffene nicht sowieso gleich ganz auf das Bikinioberteil verzichtet. All das nimmt sie auf sich, um, wieder zu Hause, möglichst oft zu hören: »Du siehst aber erholt aus!« oder »Warst du im Urlaub?«

Da die Urlaubsbräune leider die dumme Angewohnheit besitzt, sich sehr schnell zu verflüchtigen, holen sich manche Betroffene zurück im schattigen Deutschland ihre Dosis UV-Licht auf der Sonnenbank ab oder lassen sich per Airbrushverfahren auf der Bräunungsdusche mit Tanning Lotion einnebeln, weil sie sich mittlerweile so an die Bräune gewöhnt haben, dass sie sie als Normalzustand erachten. Im Gegensatz zu Außenstehenden, übrigens.

Urlaubswahnsinn, der

Viele Frauen befällt in den schönsten Wochen des Jahres ein temporärer Wahnsinn, der sie dazu befähigt, Briefbeschwerer aus zusammengeklebten Muschelschalen und stinkige Parfüms in überteuerten orientalischen Flakons zu kaufen und dem juvenilen Jamaikaner für ein paar hingehauchte Liebesschwüre die eigene Altersvorsorge zu überlassen. Ursache für den Urlaubswahnsinn ist eine vorübergehende Unzurechnungsfähigkeit durch übermäßige Sonneneinstrahlung gepaart mit dem überwältigenden Gefühl, endlich dem Hamsterrad entkommen zu sein. Das führt zu einem rauschartigen Zustand, in dem sich Betroffene Dinge wagen, an die sie zu Hause niemals auch nur im Traum denken würden. Nur so ist es zu erklären, dass sie sich auf der Straße Rastazöpfe ins splissige Haupthaar flechten lassen oder trotz weitgehender Talentfreiheit Flamenco- und Bauchtanzkurse buchen und entsprechend kapriziöse Outfits erwerben, um ihr neues Selbst auch der heimischen Verwandtschaft präsentieren zu können. Dabei verdrängt die Betroffene in ihrem Urlaubswahnsinn völlig, dass das Umfeld zu Hause erfahrungsgemäß verstört auf solcherlei exotische Darbietungen und Typveränderungen reagiert. Solange man aber der Versuchung widerstanden hat, sich ein dauerhaftes Souvenir wie eine Tätowierung oder Hepatitis C oder beides zuzulegen, wird nach Rückkehr in die kalte Heimat sehr schnell die Zurechnungsfähigkeit wiedererlangt. Dann wundert Frau sich, wie sie allen Ernstes glauben konnte, jemals mit Fransentopp und Batikschleier auf der Familienfeier ihr Hüftgold schwingen lassen zu können, und lässt diskret die Mitbringsel in der Kiste der Fehlkäufe verschwinden. Schade eigentlich. Das wäre sicher ein Riesenspaß geworden.

Eine Sonderform des Urlaubswahnsinns ist der *Urlaubsflirtwahnsinn*, bei dem die Hormone völlig außer Kontrolle geraten und man sich aufführt wie ein liebestoller Pavian. Dann ist die Betroffene nicht mehr in der Lage, zwischen einer halbwegs ernstgemeinten Affäre und der gezielten Verführung durch einen Halsabschneider zu unterscheiden, der den Urlaubsflirtwahnsinn ausnutzt, um seine finanzielle Situation zu verbessern. An dieser Stelle sei übrigens dringendst davon abgeraten, als lebenserhaltende Beziehungsmaßnahme dem Liebhaber bis zum nächsten Urlaub eine Bankvollmacht zu erteilen.

Verantwortungsabschiebungssucht, die

Viele Frauen scheuen sich davor, Verantwortung zu übernehmen. Das ist nicht nur der Grund dafür, dass sie selten in Führungspositionen zu finden sind, sondern auch dafür, dass es so schwierig ist, sich mit Freundinnen auf ein Restaurant/einen Kinofilm/eine Shoppinggegend zu einigen. Weil niemand

a) den anderen seine Meinung aufdrängen möchte,
b) so wirken möchte, als wolle sie die Chefin heraushängen lassen,
c) daran schuld sein möchte, wenn das Essen oder der Film oder die Boutiquen schlecht sind.

Wenn die Freundinnen auf einen Vorschlag eingehen sollten, versichert die Vorschlagmacherin dreimal, dass sie

a) überhaupt nicht auf der Wahl besteht,
b) wirklich viel Gutes über das Restaurant/den Film/das Shoppingcenter gelesen hat,
c) nicht schuld daran sein möchte, wenn das Essen oder der Film oder das Shoppingcenter schlecht sein sollte.

Allen Versicherungen zum Trotz wird sich die Vorschlagmacherin dennoch schuldig fühlen, falls das Essen oder der Film oder die Einkaufsgegend tatsächlich nicht den Erwartungen gerecht wird, und sich vornehmen, beim nächsten Mal auf gar keinen Fall auch nur irgendeinen Vorschlag zu machen.

Verdammte-Scheiße-ich-will-auf-der-Stelle-einschlafen-Hysterie, die

Eine Aufwallung von Wut über den Zustand des Müdeseins und dennoch Nichtschlafen-Könnens, der dummerweise beim Einschlafen nichts, aber auch überhaupt gar nichts hilft. Im Gegenteil. Siehe → *Schlafabnötigung*.

Verdauungswahnsinn, der

Die Verdauung ist für Frauen eine komplizierte Sache. Während Männer selbst bei einer Brötchen-Bananen-Diät zu jeder Tages- und Nachtzeit einen abseilen können, ist das weibliche Verdauungssystem überaus störanfällig. Eine versäumte Ration Leinsamen, ein bisschen Hektik – und schon kann sie nicht mehr. Die Darmmuskulatur erschlafft, der Schließmuskel macht dicht. Der Verdauungswahnsinn beginnt! Der Bauch bläht sich auf. Sie fühlt sich unwohl. Und dick. Sie fängt an, müssen zu wollen. Aber es klappt einfach nicht. Während Männer nicht eine Sekunde darüber nachdenken, ob und wann und wo sie müssen, kreisen ihre Gedanken nur noch um die Wurstproduktion. Wie kann ich die Verdauung in Schwung bringen, und wann werde ich müssen können, und fällt es den anderen schon auf, dass die Hose spannt, und hilft vielleicht doch dieser Joghurt aus der Werbung?

Besonders schlimme Formen des Verdauungswahnsinns treten im Urlaub auf. Baguette, Ciabatta, Fladenbrot, Toast – all das labberige Zeug ohne Ballaststoffe wirkt wie ein Bremsklotz auf den weiblichen Verdauungsapparat und die Erholung. Denn wie, bitte schön, soll man Landschaft und Fauna genießen, wenn man mit einer mickrigen Darmflora gestraft ist? Das geht genauso schlecht, wie mit aufgequollener Plauze am Hotelpool zu entspannen. Dass Paare im Urlaub streiten, liegt häufig überhaupt nicht daran, dass sie – wie oft behauptet – zu hohe Erwartungen aneinander stellen, sondern dass die Frau unleidlich ist, weil sie nicht »groß im Geschäft« ist. Umfragen haben ergeben, dass die meisten Frauen nach drei Tagen ohne Stuhlgang jederzeit einen Orgasmus gegen eine richtig schöne Darmentleerung eintauschen würden. Wobei Verstopfung sowieso Libidokiller Nummer eins ist und die Betroffenen im Zustand des Verdauungswahnsinns sowieso nicht mal mehr an Sex denken können.

Gegen Verdauungswahnsinn hilft denn auch nur eines: der Natur ihren Lauf zu lassen. Dem Darm vertrauen. Es kann natürlich auch nicht schaden, eine oder zwei Papayas zu essen. Aber ansonsten einfach nicht mehr dran denken. Wenn man das nicht auf die Reihe bekommt, dann schafft nur noch eine Reise nach Indien Abhilfe, wo man sich gefälligst ausschließlich in den Garküchen auf der Straße verpflegt. Danach wird das Wort *Verstopfung* unter Garantie für immer seinen Schrecken verloren haben.

Verunsicherungsmodus, der

Ein Hüsteln, ein zu langes Zögern vor der Antwort, ein merkwürdiger Tonfall, ein komischer Blick: Frauen im Verunsicherungsmodus lassen sich von der harmlosesten Bemerkung, der unauffälligsten Gestik oder Mimik von Seiten anderer irritieren und fangen sofort an, an ihrer Frisur, ihrem Outfit, ihrem Redebeitrag oder ihrer ganzen Art zu sein zu zweifeln. Siehe auch → *Sprechtempofluktuation*.

Vorgetäuschte Entschlossenheit, die

a) »Ich fordere endlich von meinem Bruder mein Schränkchen von Omi zurück, das er sich unter den Nagel gerissen hat!«
b) »Ich lasse mir die Haare kurz schneiden!«
c) »Ich kaufe mir die Uggs, auch wenn sie nicht heruntergesetzt sind!«

Oder etwa doch nicht?

Bei der Vorgetäuschten Entschlossenheit verkündet die

Frau mit felsenfester Überzeugung, dass sie etwas Bestimmtes machen wird, nur um danach umgehend ihre eigene Aussage in Frage zu stellen und eine zweite bis achtzehnte Meinung zu ihrem Vorhaben einzuholen. Erst nach Auswertung aller Argumente wird die Betroffene eine endgültige Entscheidung treffen. Und eventuell ihren Plan auch umsetzen. Falls nicht vorher jemand eine denkwürdige Bemerkung dazu macht oder sie schräg ansieht, wenn sie ihm von ihrem Entschluss erzählt. Dann könnte es nämlich sein, dass er abermals ins Wanken gerät. Frauen, die unter Vorgetäuschter Entschlossenheit leiden, sollten sich angewöhnen, die Dinge einfach ohne großes Nachdenken spontan zu erledigen. Mmmhh. Oder etwa doch nicht?

Vorsorgliches Sorgenmachen, das

Frauen sind sehr gut darin, sich *nach* einer Situation mit Vorwürfen über ihr eigenes Verhalten zu quälen. Wahre Meisterschaft erlangen sie aber dadurch, dass sie sich auch schon Wahnsinnssorgen machen können, *bevor* überhaupt irgendetwas passiert ist. Und dazu brauchen sie noch nicht einmal wirkliche Herausforderungen wie das Entschärfen eines Blindgängers oder das Operieren am offenen Herzen. Für Frauen reicht es, dass sie einen Anschlusszug kriegen müssen. Oder noch unbedingt Austernpilze brauchen und nicht sicher sind, ob der Bioladen sie auch hat. Überhaupt sind Frauen, die vom Vorsorglichen Sorgenmachen betroffen sind, in der Lage, den unwichtigsten Punkt, der am nächsten Tag auf der Agenda steht, zu einem Quell der Trübsal zu machen. In den meisten Fällen stellen sie in der Situation selbst dann erleichtert fest, dass jede Sorge unbegründet war. Und diese befreiende Erkenntnis setzt dann so einen Haufen Glückshormone frei, dass sich das Vorsorgliche Sorgenmachen total gelohnt hat.

Weibliche Intuition, die

Die Weibliche Intuition ist ein total praktischer Mythos. Wenn einem nämlich die Argumente dafür ausgehen, warum die Kollegin X eine intrigante Kuh ist, kann man seine Meinung immer noch mit »Das ist Weibliche Intuition« begründen. Die Weibliche Intuition hilft auch dabei,

a) jede Zimtzicke auf 100 Meter gegen den Wind zu erkennen,

b) jeden Schuhshop und jede Rabattaktion im Umkreis von einem Kilometer zu orten,
c) den Ausgang einer Situation vorauszusagen, wenn auch manchmal erst hinterher (»Hab ich's doch gewusst!«).

Wissenschaftlichen Erkenntnissen zufolge versagt die Weibliche Intuition nur dann regelmäßig, wenn es um das vorausschauende Identifizieren von Machoarschlöchern und anderen Herzensbrechern geht.

Zahlenhörigkeit, die

Auch wenn viele Frauen behaupten, mit Mathematik nichts am Hut zu haben, ist es doch die Welt der Zahlen, die das Leben vieler von ihnen bestimmt. Optimale Schlafdauer: 8 Stunden, optimaler Body-Mass-Index: 23, Kalorienaufnahme: 2000 kcal pro Tag, 3 Tassen Kaffee maximal, 5 Mal am Tag Obst oder Gemüse. Zahlenhörige Frauen achten sehr darauf, alles genau einzuhalten, und verkrampfen sofort, wenn sie das mal nicht schaffen. Auch beim Einkaufen achten sie genau auf die Zahlen, die vermeintliche Idealmaße repräsentieren: Schuhgröße 42 oder Kleidergröße 44 kommen für sie nicht in Frage. Lieber in Schuhgröße 41 quetschen als zu 42 zu stehen. Und genau dasselbe Kleid mit einer 40–42 auf dem Etikett würde sie sofort kaufen. Die Zahlenhörigkeit ist ein Beispiel dafür, wie Frauen sich völlig unnötig selbst das Leben schwermachen.

Zickigkeit, die

In Sachen Zickigkeit gibt es zwei Definitionen: eine negative, in der Zickigkeit als generelle Angespanntheit angesehen wird, gepaart mit dem Hang zu schnippischen Bemerkungen und Anstellerei, wenn das kleinste bisschen nicht nach Wunsch verläuft, und dem Anspruchsdenken, andere müssten das für einen beheben. Bei der negativen Ausprägung von Zickigkeit kommt auch dem Konkurrenzverhalten gegenüber dem eigenen Geschlecht eine besonders große Rolle zu. Oder anders gesagt: Zicken gelten als ziemlich stutenbissig.

Bei der positiven Ausprägung gilt Zickigkeit als selbstbewusstes, nicht an die Geschlechterrolle angepasstes Verhalten, bei dem sich die Zicken nichts bieten lassen und unbescheiden Forderungen stellen. Hat auch was für sich.

Zu welchem Lager sie tendiert, muss jede Frau selbst entscheiden. In der Regel verbindet die Mehrzahl der Frauen mit dem Begriff »Zicke« aber etwas Negatives. Vor allem, weil sie genau wissen, dass Zicken für die allermeisten Männer ein rotes Tuch bedeuten. Deswegen leiden viele Frauen auch unter der Furcht, als Zicke zu gelten. Was wiederum fatal ist, denn manche Männer setzen die Beleidigungen »Du Zicke« und »Du bist aber zickig« vorsätzlich ein, um von den Frauen das zu kriegen, was sie wollen.

Zunahmedepression, die

Ein aus einem höheren Körpergewicht als beim letzten Mal Wiegen resultierendes Stimmungstief, in dem die Betroffene an nichts anderes denken (und manchmal auch über nichts anderes reden) kann als daran, wie dick und fett sie doch ist, selbst wenn sie nur 300 Gramm mehr wiegt als gestern. Die Zunahmedepression kann aber durch geeignete Gegenmaßnahmen wie eine Diät oder den guten Vorsatz zu einer Diät (siehe → *Montagskrankheit*) oder einer Power-Sporteinheit rasch geheilt werden.

Zweckoptimismus, der

Die unglaublich positive Eigenschaft von Frauen, das Beste aus allem zu machen und nie die Hoffnung zu verlieren, selbst wenn sie mit Hunderten Macken geschlagen sind.

Was wir von Männern lernen können

Nützliche Männerkrankheiten für den Hausgebrauch

Natürlich belächeln wir die Männer, weil sie lebensuntüchtiger sind und nicht mal die Serviettenringe finden, wenn es drauf ankommt. Aber leider muss man zugeben, dass Männer in manchen Dingen auch schlauer sind als wir. Besonders in den Bereichen Arbeitsvermeidung und Leistungszurschaustellung können sie uns Frauen sogar hin und wieder als Vorbild dienen!

Denn beim Vergleich von Männerkrankheiten und Weiberwahnsinn muss man feststellen:

Männer machen *anderen* das Leben schwer.

Frauen machen *sich selbst* das Leben schwer.

Beides im richtigen Verhältnis zusammengemischt,

gäbe ein ziemlich zufriedenstellendes Ergebnis ab. Männer würden mehr im Haushalt helfen, mehr mitdenken und öfter klein beigeben, und wir Frauen würden weniger für andere schuften, weniger grübeln und selbstbewusster über unsere Leistungen sprechen. Dazu ist es für manche Patientin hilfreich, sich bei den Männerkrankheiten zu bedienen, die ihrem eigenen Wahnsinn diametral gegenüberstehen. Mit mancher Männerkrankheit gerüstet, würden wir tatsächlich entspannter durchs Leben gehen.

Zum Beispiel:

a) **Schmutzblindheit**

Wie himmlisch, in der Badewanne zu relaxen, ohne die Kalkflecken am Wasserhahn zu bemerken! Die Schmutzblindheit ist zumindest vorübergehend eine sehr praktische Sache, um sich kleine Oasen im Alltag zu schaffen und nicht immer mit dem Putztuch durch die Gegend zu wedeln.

b) **Gehirnabschaltmodus**

Was Männer mit Leichtigkeit schaffen, ist für Frauen ziemlich schwer. Aber wenn sie es nach Männervorbild schaffen, ihre Hirntätigkeiten vorübergehend abzuschalten, brächten sie auch endlich die → *To-do-Listen-Endlosschleife* zum Verstummen! Mal nicht darüber nachdenken, was man noch alles zu tun hat! Ein traumhafter Zustand. Fast wie Urlaub!

c) **Dummschwätzerei**

Kein Plädoyer dafür, Halbwahrheiten und idiotische Ideen als wichtigste Errungenschaften der Welt zu verkaufen, aber dafür, das, was man sagen möchte, mit dem Brustton der Überzeugung vorzubringen und sich auch vom Hüsteln des Kollegen nicht aus der Ruhe bringen zu lassen. Dann fällt es einem auch viel leichter, in Konferenzen selbstbewusst Vorschläge zu machen und über seine eigenen Leistungen und deren angemessene Entlohnung zu sprechen.

d) **Entschuldigungs-Abwehrmechanismus**

Den sollte Frau sich zumindest für die Dinge angewöhnen, die schiefgelaufen sind, für die sie aber gar nichts kann.

e) **Maulfaulheit**

In manchen Situationen lieber einfach mal nichts sagen und die Gesprächspause aushalten, anstatt sich um Kopf und Kragen zu schwafeln.

f) **Selbstüberschätzung**

Geringes Selbstwertgefühl plus Selbstüberschätzung ist gleich gesunde Selbstachtung.

g) **Faulheit**

Nicht immer das fleißige Bienchen heraushängen lassen. Auch mal ganz entspannt die Füße hochlegen – ohne schlechtes Gewissen, wenn jemand anders ausnahmsweise mal einen Handschlag mehr tut.

h) **Organisationsmuffelei**

Alles perfekt geplant? Da bleibt kein Raum für Spontaneität. Einfach die Dinge auf sich zukommen lassen und dann sehen, was geht.

i) **Einsichtsresistenz**

Viele Frauen zermartern sich das Hirn über Dinge, die sie vielleicht nicht zu 100 Prozent optimal hinbekommen haben. Man muss aber nicht immer sein Verhalten in allen Facetten hinterfragen und sich vielleicht sogar dafür selbst zerfleischen. Viel besser ist es, einfach zu sich selbst zu sagen: Ich habe es richtig gemacht. Und wenn andere das nicht so sehen, dann scheiß der Hund drauf. Wenn man tatsächlich einen Fehler gemacht hat, kann man sich auch dafür entschuldigen, ihn dann aber bitte unbedingt abhaken, Schwamm nehmen, drüberwischen und entspannt Kaffee trinken gehen.

DANKE

Ich danke meinen Freundinnen für die vielen Anregungen, besonders meiner Freundin Christiane Geiter für ihren wunderbaren kreativen Input und meiner Freundin Stefanie Gemünd für die tolle Grafik und die schönen Ideen. Ich danke meiner Lektorin Ulrike v. Stenglin für ihre Begeisterung für das Projekt und die gute Zusammenarbeit und Nina Schnackenbeck für die akribischen und hervorragenden Korrekturen. Ein Dank geht auch wie immer an meine großartige Agentin Petra Hermanns von scriptsforsale – ohne Dich wäre das alles nicht möglich gewesen. Und auch mein Mann hat sich wieder mal ein dickes Dankeschön verdient. Er hat mich nicht nur auf diverse Frauenmacken aufmerksam gemacht, sondern auch wieder die wichtige und schwierige Aufgabe des ersten Lesens und Kritisierens gemeistert.

WAHNSINN VON A BIS Z

Sonderteil Ernährungswahnsinn

Sonderteil Hausfrauenwahnsinn

BILDNACHWEIS

Seite 9: venimo
Seite 12: Nelosa
Seite 19: Karramba Production
Seite 21: Len44ik
Seite 24: Eugene Sergeev
Seite 25: Rido
Seite 29: iofoto
Seite 30: Pixelspieler
Seite 33: nastia11
Seite 36: Tropinina Olga
Seite 39: Toranico
Seite 40: strelka
Seite 42: DeSerg
Seite 44: Sergey Nivens
Seite 51: Okssi
Seite 53: Anna Kucherova
Seite 56: NataSnow
Seite 57: Photostudio 7380
Seite 63: 8vfan
Seite 64: dachazworks
Seite 68: Twin Design
Seite 70: Firma V
Seite 74: Wallenrock
Seite 76: Luca Andreetti
Seite 78: GlebStock
Seite 82: Angela Waye
Seite 86: Everett Collection
Seite 89: Nejron Photo
Seite 97: michael sheehan
Seite 99: katalinks
Seite 103: nunosilvaphotography
Seite 104: paul prescott
Seite 107: Mr Doomits
Seite 109: RPM.Photo
Seite 112: Stuart Jenner
Seite 117: Olga Reutska
Seite 119: Kzenon
Seite 124: Valery Sidelnykov
Seite 130: wavebreakmedia
Seite 133: Diana Valujeva
Seite 139: Poznyakov
Seite 141: Nejron Photo
Seite 144: Sunshine Pics
Seite 145: Blend Images
Seite 150: Federico Marsicano
Seite 151: hugh sitton
Seite 161: Francesco83
Seite 166: Leszek Glasner
Seite 169: BortN66
Seite 171: melis
Seite 174: Anna Omelchenko
Seite 176: Kenneth Sponsler
Seite 181: ArtFamily
Seite 188 racorn
Seite 194: rezachka
Seite 197: Ryan Jorgensen – Jorgo
Seite 202: Jaimie Duplass

Seite 204: suravid
Seite 208: Rachwalski Andrzej
Seite 211: Juergen Faelchle
Seite 214: Ryan Jorgensen – Jorgo
Seite 217: Tihomir Lazarov
Seite 220: PhotographyByMK
Seite 229: HLPhoto
Seite 233: Sergey Nivens
Seite 235: Paul Vasarhelyi
Seite 240: paffy
Seite 243: Syrota Vadim
Seite 248: Piotr Braniewski
Seite 252: Alexey Stiop
Seite 256: auremar
Seite 259: MargoLLL
Seite 260: Stefanie Gemünd
Seite 266: Pekic
Seite 270: auremar
Seite 273: Boiarkina Marina
Seite 278: Kesu
Seite 281: Zenakoroleva
Seite 284: Olaru Radian-Alexandru
Seite 285: Marijus Auruskevicius
Seite 287: Annette Shaff
Seite 288: Lipik
Seite 292: Aaron Amat